J'étais leur petite esclave

Megan Stephens

J'étais leur petite esclave

Témoignage

Traduit de l'anglais (Royaume-Uni)
par Christophe Cuq
et Françoise Fauchet

ÉDITIONS FRANCE LOISIRS

Édition du Club France Loisirs,
avec l'autorisation de City Editions.

Éditions France Loisirs,
123, boulevard de Grenelle, Paris.
www.franceloisirs.com

Publié en Angleterre par HarperElement, une division de HarperCollins Publishers sous le titre *Bought and sold.*

ISBN : 978-2-298-10954-2

Avant-propos

Pendant six ans de ma vie, j'ai vécu chaque jour dans la peur. C'est durant ces années, alors que j'apprenais à vivre avec cette peur, que j'ai compris qu'on ne peut jamais vraiment savoir comment on réagira dans une situation tant qu'elle ne s'est pas présentée. Même si on croit parfois le savoir, c'est faux. À vrai dire, il y a des tas de choses que je n'aurais sans doute jamais sues – sur moi et sur ce dont les autres sont capables – si je n'étais pas partie en Grèce à quatorze ans avec ma mère et si je n'y étais pas tombée amoureuse.

Difficile, avec le recul, de savoir si ce que je ressentais pour Jak était bien de l'amour, compte tenu de l'intensité de toutes les émotions qui vous animent à quatorze ans. Quoi qu'il en soit, j'étais convaincue de l'aimer et qu'il m'aimait.

C'est la seule explication possible au fait que (bien après que mes sentiments pour lui eurent totalement dépassé le stade de la raison) j'aie pu laisser passer l'occasion de m'échapper. Je n'éprouve plus rien pour lui maintenant, bien sûr, et j'ai fini par accepter le fait qu'il ne m'a jamais aimée.

J'espère que, lorsque vous lirez mon histoire, vous comprendrez pourquoi jamais je ne dévoilerai l'identité de cet homme que j'ai décidé de nommer Jak, pourquoi j'ai changé les noms de tout le monde et pourquoi j'ai si peur de voir resurgir la peur.

Je m'en veux terriblement de ce manque de courage, d'autant plus que je sais que d'autres filles ont été forcées à la prostitution par les mêmes trafiquants qui m'ont abusée pour prendre le contrôle sur moi.

J'imagine très bien à quel point ces malheureuses ont peur. Je sais ce qu'elles ressentent lorsqu'elles s'endorment chaque soir en espérant que le matin n'arrive jamais pour ne plus avoir à subir la violence, l'humiliation et la douloureuse solitude qui les attendent chaque jour.

C'est ce que j'ai connu pendant près de six ans. Aujourd'hui, cinq ans plus tard, je fais toujours des cauchemars et il m'arrive encore d'oublier que je n'ai plus rien à craindre.

Ce qui m'est arrivé en Grèce m'a arraché jusqu'à la dernière once d'amour-propre. Or, quand on pense qu'on ne vaut rien, il est bien difficile de croire qu'on puisse vous aimer. Pourtant, je sais que ma mère m'aime et je voudrais dire, avant de raconter mon histoire, que je l'aime aussi.

Peut-être les choses auraient-elles tourné différemment si maman avait davantage insisté pour intervenir lors de ma première très mauvaise décision, en Grèce. Le problème, c'est qu'elle était aussi loin que moi d'imaginer qu'il existe dans le monde des gens qui font le commerce d'êtres humains. Aussi me croyait-elle quand je lui assurais que tout allait bien. Elle accrochait au mur les photos que je lui envoyais au bar où elle travaillait sans se douter le moins du monde que je lui mentais.

Bien des éléments dans mon parcours vous feront tiquer à cause de la stupidité dont j'ai fait preuve. Je ne le comprends toujours pas moi-même, sauf que j'étais très jeune et naïve lorsque je suis tombée amoureuse de Jak.

Peut-être cela explique-t-il au moins en partie le fait que j'aie abandonné le peu de jugeote que j'avais pour prendre ce qu'il me racontait pour argent comptant. Alors, si je ne me rendais pas moi-même compte de ce qui se passait, comment pourrais-je en vouloir à ma mère de ne pas l'avoir vu non plus ?

Par ailleurs, je n'ai appris que récemment que le nombre de victimes de ces trafics est estimé à plus de deux millions à travers le monde. Autrement dit, plus de deux millions d'hommes, de femmes et d'enfants se voient dépossédés de leur vie, séparés de leur famille et de leurs amis pour travailler de force durant de longues heures, souvent dans des conditions épouvantables.

Bon nombre de ces personnes ont été trompées, comme moi, par quelqu'un dont elles se croyaient aimées ou par la promesse d'un emploi légitime. Pas une seconde il ne me viendrait à l'esprit de les tenir pour responsables de ce qui leur arrive. Je sais donc que je ne devrais pas me sentir entièrement coupable de ce qui m'est arrivé ; néanmoins, cela reste plus fort que moi.

J'ai parfaitement conscience qu'en racontant mon histoire, je m'expose au jugement d'autrui et que certains n'auront pas la compréhension que j'aimerais pouvoir attendre. Toutefois, si elle permet ne serait-ce qu'à une seule personne de bien réfléchir avant de se fier à quelqu'un qui ne mérite pas sa confiance et, ainsi, de ne pas commettre une erreur qu'elle regrettera toute sa vie, j'aurai le sentiment de pouvoir retirer quelque chose de positif de tout cela.

1

J'avais quatorze ans lorsque je suis partie en Grèce avec ma mère. Au début, il me semblait évident de commencer mon histoire par là. Cependant, après réflexion, je me suis rendu compte que tout avait commencé bien plus tôt, quand j'étais petite. Le fait de revenir sur mon enfance m'a permis de comprendre ma façon d'agir et de réagir par la suite.

J'avais près de douze ans quand je suis devenue une « enfant à problèmes » alors que, jusque-là, je n'étais qu'une « enfant avec des problèmes ». Malgré mon jeune âge, j'avais déjà une boule de colère en moi qui explosait parfois et me poussait à mal me conduire. Je n'étais pas violente ; simplement, je répondais et j'étais toujours prête à commettre la moindre bêtise. Malgré tout l'amour que je leur portais, je me disputais continuellement avec ma sœur et ma mère, à qui je répondais avec défi comme le font certains adolescents. Puis, vers douze ans, je me suis mise à sécher l'école et à fuguer.

Je plains maman, quand j'y repense. Cela a dû être un choc terrible pour elle, surtout que j'étais plutôt bonne écolière et bien élevée jusque-là. Je sais que ce changement radical a été vraiment difficile pour elle, d'autant qu'à l'époque, elle avait ses propres problèmes à gérer.

J'avais quatre ans quand ma mère et mon père se sont séparés. Mon premier mauvais souvenir date du jour où papa est parti : je pleure, assise en haut de l'escalier, chez nous.

Avant, quand je me souvenais de ce jour-là, je croyais que je pleurais parce que j'avais très mal au ventre, jusqu'au jour où j'ai compris qu'un terrible mal de ventre me saisit quand j'ai peur ou lorsque je suis contrariée. Je pense donc que mes larmes (et le mal de ventre) étaient dues au départ de mon père.

Lorsqu'il est sorti de la salle de séjour, je l'ai supplié dans le couloir.

— S'il te plaît, papa, ne t'en va pas.

Alors il s'est arrêté pour lever les yeux vers moi, j'ai retenu mon souffle, croyant qu'il n'allait peut-être pas partir, finalement. Mais il m'a fait au revoir de la main avant de disparaître par la porte d'entrée.

J'adorais mon père et je ne me suis jamais vraiment remise de son départ. Néanmoins, j'ai de très bons souvenirs de mon beau-père, John, qui est venu s'installer chez nous peu de temps après que papa nous a quittées. J'aimais beaucoup l'école, quand j'étais petite, et l'une des choses qui me plaisaient vraiment chez John, c'est qu'il me questionnait toujours sur ce que j'étais en train d'apprendre, pour ensuite m'aider à faire mes devoirs. Contrairement à papa, il était ordonné, de sorte que la maison était toujours propre et rangée lorsqu'il était là.

Nous habitions dans un bon quartier, à l'époque. Maman y avait veillé. Il lui importait que ma sœur et moi ayons davantage de possibilités et une vie meilleure qu'elle. Aussi insistait-elle pour que nous parlions et que nous nous conduisions « correctement ».

Comme papa avait déménagé loin – à l'autre bout de la ville – après son départ, certains week-ends, ma sœur et moi, nous restions dormir chez lui. Plus tard, maman m'a expliqué qu'il s'était mis à boire et à se droguer avant leur rupture. Je n'étais pas au courant pour la drogue quand j'étais petite, mais je pense que j'avais conscience de la boisson, ou du moins de ses conséquences, à cause de son comportement parfois effrayant lorsqu'il avait bu.

Chaque fois que ma sœur et moi allions chez lui, maman lui donnait de l'argent pour s'occuper de nous. Mais il devait le dépenser en alcool, car, le dimanche soir, nous rentrions sales, mal coiffées et la faim au ventre. Mais cela n'avait pas d'importance : j'adorais papa et je pleurais et hurlais chaque fois qu'on devait le quitter.

J'ignore s'il essayait de lutter contre ses dépendances ou si cette vie lui plaisait. Peut-être la drogue et l'alcool étaient-ils les seules choses qui comptaient pour lui. Cela semblait bien être le cas parfois ; d'ailleurs, lorsqu'il dut choisir entre ses addictions et sa femme et ses enfants, c'est nous qu'il laissa tomber. À la fin, il renonça même à nous voir le week-end, ma sœur et moi. Il devenait si bizarre et si imprévisible que maman avait dû cesser de nous envoyer chez lui.

Pendant un moment, papa m'a terriblement manqué, puis un couple d'amis de maman et John ont commencé à venir passer le week-end chez nous avec leurs deux enfants, et cela m'ennuyait moins de ne pas le voir. Tous les samedis soir, maman préparait un énorme saladier de pop-corn que nous savourions entre gamins devant un film. Ensuite, nous montions nous coucher tandis que les adultes se passaient de la musique. J'adorais ces week-ends.

Mon père me manquait toujours, mais l'ambiance commençait à se détériorer chez lui et, pour être honnête, je ne regrettais pas trop de ne plus y aller. Il n'y avait jamais rien à manger et, quand nous nous plaignions d'avoir faim, il se mettait en colère et nous criait après, ce qui m'angoissait.

J'avais peur pour moi, pour ma petite sœur et pour lui. Il était beaucoup plus agréable de passer le week-end à la maison à jouer et à plaisanter comme n'importe quel autre gamin, sans avoir à me préoccuper de rien. Jusqu'à ce que les disputes commencent...

Comme j'étais l'aînée, je me sentais responsable de ma sœur et des deux autres petits qui passaient le week-end chez nous. Aussi, lorsque les cris et les hurlements s'élevaient en bas, et que tous les trois me regardaient avec leurs grands yeux effrayés, je leur racontais des histoires en faisant comme si je n'avais pas peur. Le lendemain matin, nous nous glissions en bas et nous rangions la pagaille semée par les adultes dans la salle de séjour, dans l'espoir qu'ils soient contents de nous et se reparlent normalement à leur réveil.

Plus tard, en Grèce, j'ai souvent eu la même impression d'optimisme désespéré que me donnaient ces dimanches matin où nous ramassions les cendriers pleins à ras bord, souvent renversés, les cannettes de bière et les bouteilles vides, sans oublier les débris des objets que les adultes s'étaient jetés à la figure à travers la pièce. Je me souviens encore de la frayeur qui m'a étreinte le matin où, en descendant, nous avons découvert du sang étalé sur les murs du salon. Il était écrit quelque chose, comme si quelqu'un avait tracé les lettres avec le doigt. Je ne me souviens plus des mots précis. Seulement de la douloureuse contraction de mon ventre et de mon envie de vomir à leur lecture.

En dépit des apparences, maman s'occupait bien de nous, la plupart du temps. Je sais qu'elle souhaitait vraiment le meilleur pour ma sœur et pour moi, et elle travaillait dur pour qu'on ne manque de rien.

J'aurais simplement aimé qu'elle se rende compte, à l'époque, des conséquences désastreuses de toutes ces scènes (d'abord entre elle et papa, puis celles du samedi soir, envenimées par l'alcool, avec John et le couple qui venait chez nous le week-end). Qui s'est réveillé enfant au son de ses parents se hurlant dessus saura ce que c'est que de rester dans son lit dans le noir à entendre en essayant de ne pas écouter.

Parfois, lorsque le conflit était particulièrement dur, John quittait la maison en claquant la porte derrière lui. Il lui arrivait souvent de ne pas revenir pendant plusieurs jours. Au retour du travail, maman restait alors assise dans la salle de séjour, à pleurer en regardant la télévision ou en écoutant de la musique.

C'est horrible pour un enfant de se faire du souci pour sa maman ou son papa. Il a l'impression que c'est à lui de devoir faire quelque chose pour qu'ils se réconcilient, alors qu'il n'a pas la moindre idée de ce qu'il faut faire ni de la façon de s'y prendre, d'ailleurs.

Très souvent, ma seule envie était de prendre maman dans mes bras et de tout arranger pour elle. Mais il m'arrivait aussi de lui en vouloir à cause du souci et de la peur qu'elle me causait, même si, à l'époque, je n'aurais su l'exprimer ainsi.

Lorsqu'on a quitté cette maison, maman n'avait pas envie de déménager, mais les choses entre elle et John se dégradaient, et je crois qu'elle espérait parvenir à retarder leur inévitable rupture en le suivant dans ses choix. Sans succès, évidemment. Il n'a pas fallu attendre bien longtemps pour que les choses tournent de nouveau au vinaigre dans la nouvelle maison.

Maman et John n'arrêtaient plus de se disputer, puis John a perdu son emploi et a commencé à passer ses journées à boire à la maison. De temps à autre, à la suite d'une grosse scène, John quittait la maison en trombe et partait s'installer chez sa sœur ; maman pleurait, se morfondait et écoutait de la musique fort. Au bout d'un moment, ils se remettaient ensemble, je reprenais haleine, et, pendant quelques jours, tout allait bien. Puis le cycle infernal recommençait.

Il y avait des champs derrière notre ancienne maison. Elle était située dans un joli quartier, dans une rue agréable où habitaient deux de mes meilleurs amis. Je n'étais pas du tout contente lorsque maman m'a annoncé qu'on déménageait. À mon plus grand désespoir, j'ai ensuite découvert que nous allions nous installer dans un lotissement mal famé, où, pour une raison que je n'ai jamais comprise, on s'en prenait, parfois même physiquement, aux gosses très timides comme moi.

Le seul bon côté de ce changement, c'était Dean, notre voisin. Quand nous l'avons vu pour la première fois, ma sœur et moi, le jour de l'emménagement, il était assis sur le muret du jardin, un hérisson entre les mains. Alors qu'on l'observait depuis la fenêtre de notre nouvelle chambre, il s'est retourné, et nous nous sommes baissées pour nous cacher. Mais pas assez vite, car, lorsque nous avons de nouveau risqué un œil, il nous a saluées de la main et, d'un signe, invitées à descendre le rejoindre.

Dean était vraiment un chic type. J'ai fini par bien le connaître au cours des deux ans qui ont suivi, et nous sommes devenus très amis. Cela me brise encore le cœur quand je repense à tout ce que d'autres gamins du lotissement ont pu lui faire endurer. Il avait environ quatre ans de plus que moi, il était très beau et avait une copine lorsque j'ai fait sa connaissance. Peut-être ceux qui lui faisaient vivre l'enfer en s'attaquant régulièrement à sa maison, en le tabassant et en répandant sur lui de méchantes rumeurs, totalement infondées, avaient-ils senti avant lui qu'il était homosexuel.

Comme j'aimais l'école et que je réussissais bien, j'avais hâte de rentrer au collège. Compte tenu du déménagement, je ne devais plus fréquenter l'établissement prévu, mais le plus proche de notre nouvelle maison, où je fus cataloguée première de la classe et prise pour tête de Turc par les autres dès le premier jour.

Comme on m'avait placée dans le groupe le plus fort, tandis que mes profs me faisaient des compliments et m'encourageaient, je me faisais bousculer, tirer les cheveux et parfois taper à la récréation. Apparemment, ma façon de parler, d'être et de m'habiller ne plaisait pas – ni, évidemment, le fait que j'étais bonne élève.

L'une des raisons pour lesquelles je me trouvais dans le niveau supérieur était que j'apprenais vite. Il ne me fallut donc pas longtemps pour comprendre qu'à moins de m'intégrer, on ne me laisserait pas tranquille et qu'il allait me falloir changer, car les autres ne changeraient pas. Quelques mois plus tard, j'avais adopté un style vestimentaire différent, laissé tomber mon « accent BCBG », introduit dans mon vocabulaire tous les mots d'argot en vogue et commencé à faire l'imbécile pendant les cours.

C'était la première fois que je mettais en pratique ma capacité à dissimuler ma vraie personnalité et à faire semblant d'être ce que je ne suis pas. Cela m'ennuyait, mais cela fonctionnait. Sitôt rétrogradée dans le groupe inférieur, j'ai cessé d'être une cible à l'école.

Ce qui m'ennuyait le plus, c'était de décevoir mes profs. Pourtant, leur déconvenue n'était rien à côté de la mienne, malgré mon apparente indifférence à l'attention qu'ils me portaient en s'inquiétant régulièrement de savoir si quelque chose me perturbait.

Une fois du côté des trublions, dont je me tenais toutefois à l'écart, j'ai commencé à me lier d'amitié notamment avec une certaine Carly. Comme moi, elle avait été retirée du groupe de tête lorsque sa conduite s'était détériorée.

Mais elle arrivait mieux que moi à « s'en foutre ». Un jour, alors qu'on séchait l'école ensemble, elle m'a emmenée dans le parking d'un immeuble de bureaux près de chez elle et suggéré de fureter à l'intérieur d'une des camionnettes garées. L'idée de commettre un délit m'angoissait carrément, mais je sentais qu'il s'agissait d'un test et que, si j'échouais, je ne tarderais pas à me retrouver à la case départ.

C'était vraiment stupide de faire cela, surtout dans un endroit public et en plein jour. Quelqu'un nous a vues et a appelé la police, qui nous a prises en flagrant délit et nous a reconduites à l'école dans une voiture de patrouille avant de nous raccompagner chez nous. J'ai eu la chance de m'en sortir avec un avertissement, mais ma mère m'a passé un sacré savon. À m'entendre lui répondre, personne n'aurait pu se douter à quel point j'avais honte de ce que j'avais fait.

La deuxième fois que la police est intervenue, je me suis fait prendre, en compagnie d'une autre amie, en train de chaparder du maquillage au centre commercial. Cette fois, ils ont téléphoné à maman pour lui demander de venir me chercher au poste. Elle est arrivée dans tous ses états, et, même si j'aurais préféré mourir plutôt que de le laisser paraître, j'avais très mauvaise conscience.

La police a chargé maman de veiller à ce que je me présente à l'heure au tribunal le lendemain matin, et, quand j'ai dit que je n'irais pas, l'un des policiers a déclaré :

— Tu n'as pas le choix. C'est une obligation.

— Ah oui ? ai-je rétorqué avec arrogance et agressivité. Et qui va m'y obliger ?

Eux. Ils m'ont placée en cellule et m'ont emmenée au tribunal le lendemain matin en fourgon de police. Je crois qu'ils ont d'abord dû obtenir la permission de maman, qu'elle leur a sans aucun doute volontiers accordée dans l'espoir que le choc me fasse comprendre comment tout cela se terminerait si je ne me reprenais pas très vite en main.

Quand je me suis retrouvée enfermée, après m'être débattue à grands cris, j'étais vraiment énervée. Mais effrayée aussi.

Après une autre bêtise à l'école, un jour, maman et John ont été convoqués à une réunion pour discuter de ma conduite. Mon prof principal m'a interrogée sur la vie à la maison (comme si j'allais dire quoi que ce soit devant ma mère et mon beau-père). Je ne crois pas que maman ait jamais compris pourquoi je devenais aussi ingérable. Je ne comprenais pas non plus, bien que je me rende compte maintenant que c'était, du moins en partie, parce que notre vie à la maison n'était pas très stable et parce qu'on avait l'impression que personne ne se souciait vraiment de ce que nous faisions ou de ce qui nous arrivait, du moment qu'on ne causait pas d'ennuis.

Je me suis mise à fuguer. Chaque fois qu'elle ignorait où j'étais, maman aurait été choquée, je crois, par mon genre de fréquentations.

Quand je ne traînais pas dans le lotissement, j'allais chez des gens qui se droguaient, fumaient de l'herbe et buvaient. Moi, je ne touchais pas à l'alcool, parce que j'en détestais le goût, mais aussi à cause de ses effets, que j'avais pu constater sur les autres. Je ne me droguais pas non plus. En revanche, je fumais et je roulais en voiture avec des voyous. Je ne faisais rien d'autre avec ces garçons à part monter avec eux, car, sous mes dehors de petite dure, j'étais encore timide et peu sûre de moi. Jamais je n'aurais ne serait-ce qu'envisagé la moindre relation amoureuse ou sexuelle. Parfois, maman appelait la police pour qu'elle vienne nous chercher.

Mais il était rare qu'on nous retrouve. Je n'aimais pas maman à l'époque. En fait, je n'aimais personne dans ma famille à part ma sœur, ce que quiconque, à entendre nos disputes constantes, aurait été étonné d'apprendre.

Un jour, alors que ma tante était chez nous, elle et maman me sont tombées dessus à propos d'une chose ou une autre, et j'ai pété les plombs. Je me suis emparée d'une bouteille de ketchup que j'ai balancée à travers la pièce. Contre le mur, elle a explosé en envoyant partout des morceaux de verre et des projections de cette horrible substance rouge et visqueuse.

Je ne sais plus si c'était ma tante ou ma mère, mais quelqu'un a appelé la police et on m'a emmenée au poste, où on m'a gardée plusieurs heures.

C'était horrible, car je me suis sentie obligée de prétendre être toujours en colère, alors que ce n'était plus le cas depuis longtemps. En fait, c'était comme observer quelqu'un que je ne connaissais pas dire d'odieuses méchancetés. Le petit moulin tournait tout seul et je ne savais plus comment l'arrêter.

Mon comportement était sans doute lié à cette phase de rébellion que traverse tout adolescent qui cherche à mettre à l'épreuve les limites de l'autorité.

Toutefois, cela prit d'autres proportions lorsque je commençai à m'automutiler, même si, en réalité, ce n'est arrivé qu'une ou deux fois. Je me lacérais avec un rasoir. J'ignore pourquoi. Peut-être était-ce pour attirer l'attention. Peut-être toutes mes bêtises n'étaient-elles qu'une façon de dire : « Regardez-moi ! Faites quelque chose pour m'arrêter. Vous n'allez quand même pas me laisser m'en sortir comme ça ? »

Quand j'en avais assez de me juger, je m'en prenais à ce qui, à mes yeux, n'allait pas chez maman. Après être allée chez des amis où des photos de famille encadrées trônaient sur la cheminée ou une belle voiture stationnait devant le garage, je demandais à maman :

— Pourquoi tu n'es pas comme la mère d'Untel ?

Je crois que je rêvais surtout d'être comme tout le monde. Être normal, c'était capital, surtout dans le lotissement où nous habitions, et je ne supportais plus de me sentir constamment dans la peau du vilain petit canard. Je suppose que c'est à cause de cela qu'on harcelait et tourmentait Dean, notre voisin ; parce qu'il était considéré comme différent, on préférait ne pas voir sa gentillesse, son humour et son intelligence.

Dans les premiers temps où John était venu vivre avec nous, maman était une « mère normale ». Elle avait un bon emploi et elle étudiait à temps partiel pour un CAP. Quand elle ne travaillait pas, le week-end, elle nous sortait, ma sœur et moi.

Parfois, elle nous emmenait déjeuner, puis au zoo ou au cinéma, et nous nous amusions bien. Elle n'était pas du genre à proposer son épaule pour pleurer. Si j'essayais de lui parler de quelque chose qui m'inquiétait ou me dérangeait, elle se mettait en colère et perdait patience. En y repensant, j'imagine que, comme elle ne savait pas comment résoudre ses propres problèmes, elle devait se sentir débordée dès qu'elle croyait avoir à résoudre ceux des autres.

C'était une mère géniale quand elle n'avait pas bu. C'était l'alcool qui fichait tout par terre. Et sa présence était permanente, en arrière-plan. Maman et John buvaient lorsqu'ils recevaient la famille et les amis, ce qui a commencé à affecter nos vies à tous, à l'époque où j'avais une douzaine d'années. D'après maman, c'était la faute de John, et, à mon avis, il ne l'a certainement pas aidée, à la fin. Mais je sais maintenant, de ma propre expérience, que chacun est responsable de ce qu'il fait et, dans une certaine mesure, de ce qui lui arrive. On ne peut pas rejeter la faute de tous nos malheurs sur les autres sans jamais se remettre en cause.

Finalement, comme je continuais à manquer les cours et à fuguer, maman a sollicité l'aide des services sociaux. Elle pensait, je crois, que le choc me ferait comprendre que la vie à la maison n'était pas si mal, finalement. C'était surtout ma colère qu'elle trouvait difficile à gérer, ce que je peux comprendre, car je ne sais pas moi-même pourquoi j'avais cette rage ni pourquoi j'ai commencé à prendre systématiquement les mauvaises décisions.

Les services sociaux m'ont attribué un assistant social, que j'aimais vraiment beaucoup. Il discutait avec moi et faisait le genre de choses sympas que maman et John faisaient avec nous avant.

Alors, pour moi, c'était plutôt une bonne chose, sauf que cette disposition prit fin lors de ma fugue suivante. Cette fois, je suis partie vivre chez mon père.

J'avais presque quatorze ans et cela faisait quelques années que ma sœur et moi avions cessé de passer le week-end chez lui. Toutefois, quand je l'ai appelé au téléphone un jour, après une violente brouille avec ma mère qui m'avait fait claquer la porte, il est venu me rejoindre en ville. Certes, j'étais gênée qu'il boive sa bière à la cannette en marchant dans la rue, mais il ne m'avait pas l'air mal en point. À la vérité, pourtant, il avait tellement changé qu'il était méconnaissable.

Il m'a ramenée chez lui, où il vivait sans électricité, ni chauffage, ni rien à manger ou à boire dans le frigo ou les placards à part de la bière. Si maman était au courant, c'était sans doute pour me secouer qu'elle m'avait envoyée là. L'état de la maison ne dérangeait pas papa ; de toute façon, il ne semblait même pas s'en rendre compte. Après m'avoir déposée, il est reparti chercher ma demi-sœur, Vicky, qui devait venir passer la nuit.

En me présentant, papa a demandé à Vicky :

— Tu sais qui c'est ?

La dernière fois que je l'avais vue, il y avait près de huit ans, elle était bébé ; c'était peu de temps avant que maman ne quitte papa. Alors, la petite ne savait pas du tout qui j'étais. Après un long regard méfiant vers moi, elle a demandé :

— C'est ta nouvelle copine ?

Papa s'est esclaffé :

— Mais non, idiote. C'est ta sœur, Megan.

Vicky a éclaté en sanglots. Puis elle m'a prise dans ses bras et serrée si fort qu'elle a failli m'étouffer.

Je suis restée chez papa un mois entier. C'était horrible. Le seul truc qui n'était pas totalement négatif, c'est que cela m'a permis de comprendre que mon enfance aurait sans doute été pire s'il était resté avec nous, comme je l'avais toujours désiré.

La maison était toujours pleine d'amis qui passaient leur temps à traîner sur le canapé. J'essayais de cacher le fait que la plupart me mettaient mal à l'aise, mais papa le voyait et il me disait des choses embarrassantes devant eux, puis se tordait de rire.

J'aurais pu rentrer à la maison, mais je suis restée parce que j'étais encore fâchée contre maman. Néanmoins, elle ne m'a pas abandonnée : elle m'a écrit et a envoyé à papa les allocations qu'elle percevait pour moi chaque semaine. Je sais qu'elle aurait été épouvantée si elle avait vu la façon dont je vivais et si elle avait su que je n'allais plus à l'école. Je ne crois pas que papa se rendait compte de l'âge que j'avais ni de ce que j'étais censée faire de mes journées. Comme j'avais manifestement disparu de la circulation aux yeux des services sociaux, je traînais chez lui, comme ses amis, à fumer des cigarettes.

Cela faisait près de trois semaines que j'étais chez papa, lorsque ma sœur est venue me rejoindre. C'était vraiment chouette de l'avoir avec moi.

Parfois, l'un des amis de papa arrivait avec un enfant, qu'il confiait à notre garde, à ma sœur et à moi. Un soir, nous jouions dans la chambre avec un petit garçon dont le père était en bas, quand une dispute a éclaté.

Nous avons tendu l'oreille quelques minutes, dans l'espoir que les cris s'arrêtent vite, puis je suis discrètement descendue. Dans la salle de séjour, papa gisait par terre dans une mare de sang, et l'un de ses amis était penché sur lui, un couteau à la main.

— Je vais te tuer ! hurlait-il.

D'abord, j'ai cru que l'homme l'avait déjà poignardé et qu'il était mort. Mais papa a bougé en gémissant. Par la suite, j'ai découvert que cet ami, furieux d'une chose qu'avait dite papa, s'était emparé du téléviseur pour l'assommer.

Je me tenais encore debout au bas de l'escalier, paralysée par le choc et incapable de comprendre ce qui s'était passé, quand un bruit a attiré mon attention derrière moi. Blottis l'un contre l'autre, ma sœur et le petit garçon tremblaient. J'ai murmuré « Chut » et posé un doigt sur mes lèvres. Puis je les ai poussés à remonter dans la chambre devant moi. Une fois la porte refermée en silence derrière moi, je leur ai expliqué :

— Il faut qu'on quitte la maison. Il va falloir redescendre.

Le petit garçon a poussé un gémissement en secouant la tête.

— Ça va aller, ai-je insisté en essayant de faire preuve d'assurance. Suivez-moi, sans faire de bruit.

Tout le monde criait encore tandis que nous redescendions tout doucement l'escalier. Nous avons traversé le couloir pour gagner la cuisine, puis, dès que nous avons eu tous les trois franchi la porte de derrière, nous nous sommes mis à courir sans nous arrêter jusqu'à une ruelle. Là, nous nous sommes tous blottis les uns contre les autres et nous avons repris notre souffle. C'était l'instinct qui m'avait fait prendre la fuite.

Ensuite, en revanche, impossible de décider quoi faire. Nous sommes donc restés à attendre dans la ruelle, jetant des coups d'œil nerveux par-dessus nos épaules toutes les deux secondes, de peur que l'homme au couteau ne nous ait pris en chasse. Nous avons entendu une sirène. La voiture de police est arrivée, suivie d'une ambulance, et le temps que nous nous faufilions de nouveau jusqu'à la maison, on installait papa sur une civière.

Le père a ramené son petit garçon à la maison tandis que ma sœur et moi étions confiées pour la nuit à des voisins. Quand papa est sorti de l'hôpital, ma sœur est retournée vivre chez lui. Mais moi, j'avais déjà décidé que je retournais chez maman.

C'était une bonne décision, à la base. En réalité, les choses sont allées de mal en pis.

2

Maman et John s'étaient séparés pendant que j'étais chez papa. Pour de bon, cette fois. Même si elle en rejetait la faute sur John, je sais que maman en souffrait beaucoup et qu'il lui manquait. Je le regrettais aussi. J'aurais tellement aimé que les choses redeviennent comme au début de leur relation.

Je crois que maman était déprimée avant que je revienne à la maison ; elle était contente de me reprendre, car elle se sentait seule.

Nous nous entendions beaucoup mieux qu'avant et nous sommes même devenues très proches – en partie, j'imagine, parce que j'avais mûri un peu durant le mois où j'étais restée chez mon père.

Peu après mon retour à la maison, ma sœur a été placée. Comme je venais d'avoir quatorze ans et que j'aurais dû aller à l'école, ils ont dû me chercher aussi. Malgré les amis que je m'étais faits, tant dans le lotissement qu'à l'école, je me faisais encore un peu harceler avant que j'aille vivre chez mon père. Je n'avais aucune envie que les choses redeviennent comme avant. La vie semblait s'être arrêtée pour maman et pour moi. C'est alors que maman m'a annoncé que nous partions en vacances en Grèce.

Je me suis souvent demandé ce qui se serait passé si papa n'était pas tombé dans l'alcool, si nous étions restés tous ensemble à vivre en famille dans la belle maison où nous habitions avant et si ma sœur et moi avions terminé l'école. Peut-être serions-nous allées à l'université.

Je sais que c'était ce que maman voulait pour nous : une bonne éducation qui nous permettrait d'avoir un solide métier. Notre vie aurait même peut-être été différente si John et maman avaient réussi à surmonter leurs problèmes et à rester ensemble.

J'ai en effet de très bons souvenirs des premiers temps où John vivait chez nous. Par exemple, nous organisions toujours une fête à la maison pour le réveillon du Nouvel An, quand j'étais petite.

Tout le monde était joyeux et riait, et, même après avoir bu, personne ne se disputait ni ne criait. Mais tout a changé quand nous avons déménagé, et j'ai commencé à souhaiter pouvoir remettre la pendule en arrière pour que maman puisse faire des choix différents. Mais, puisque ce n'était pas possible, inutile de se torturer l'esprit avec la manière dont les choses auraient pu être.

Cela m'ennuyait de laisser ma sœur en Angleterre pendant que maman et moi partions en Grèce. Si j'avais su ce qui allait arriver là-bas, je me serais réjouie qu'elle ne soit pas avec nous. C'était la première fois que je partais à l'étranger. J'étais si excitée que j'avais du mal à rester assise dans l'avion. À notre arrivée à l'aéroport en Grèce, nous avons pris un taxi pour le petit appartement très modeste mais propre que maman avait loué. Aussitôt après avoir déposé nos bagages et effectué une petite danse dans la pièce, nous nous sommes rendues à la plage. Le sable doré, la mer chaude, l'eau claire... Tout, en fait, correspondait à ce que j'avais imaginé, en mieux.

Ce premier soir, nous sommes allées dans un bar près de la plage et, pour la première fois depuis longtemps, je me suis sentie détendue, à rire et à bavarder ainsi avec maman. À l'époque, je ne buvais toujours pas d'alcool, mais, ce soir-là, j'ai bu un ou deux Bacardi Breezer avant de revenir au Coca, dès que maman s'est rendu compte que je commençais à être pompette.

Nous avons dansé et discuté avec d'autres touristes, ainsi qu'avec le propriétaire du bar, qui parlait très bien anglais et qui faisait rire tout le monde en racontant des blagues pendant qu'il préparait ses cocktails.

Au fond de la salle, il y avait trois types à une table et, chaque fois que je jetais un œil discret vers eux, l'un d'eux semblait me regarder.

C'était le mieux habillé et le plus beau des trois. Quand nos regards se croisaient, je ressentais des picotements dans le ventre. C'est l'un des deux autres qui est venu nous inviter à danser, maman et moi.

À vrai dire, il ne nous a pas vraiment « demandé ». Il était albanais et ne parlait pas un mot d'anglais ; alors, il se contentait de répéter le mot *hello*, accompagné d'une sorte de mime qui nous faisait rire.

Nous avons dansé avec lui (tout le monde dans le bar dansait et bavardait avec tout le monde, à ce moment-là) et il avait l'air sympa. Néanmoins, j'étais plus intéressée par son ami.

Il était tard lorsque nous sommes rentrées, ce soir-là. Je me suis endormie en pensant au type auquel je n'avais pas parlé, et peut-être maman a-t-elle rêvé du propriétaire du bar, manifestement attiré par elle, et dont l'attention l'avait fait ricaner comme une écolière.

Le lendemain, nous sommes retournées à la plage, nous avons déjeuné en terrasse au soleil, puis, le soir, nous sommes retournées au même bar, où les trois mêmes types étaient assis à la même table que la veille. Dès que nous nous sommes assises, Zef, le type qui nous avait fait danser, est venu me demander (de nouveau par gestes) si je voulais prendre un verre. Ensuite, après m'avoir payé un Coca, il m'a présentée à ses deux amis.

Tous les trois avaient une vingtaine d'années. L'un d'eux s'appelait Veli ; l'autre m'a serré la main en la gardant quelques secondes et, tout en me regardant droit dans les yeux, m'a déclaré, en mauvais anglais, s'appeler Jak. J'en avais les genoux en coton, car je n'imaginais pas une seconde que quelqu'un comme Jak puisse s'intéresser à quelqu'un comme moi.

Maman aussi avait des raisons de vouloir retourner au bar ce soir-là : pendant que j'étais assise avec Zef, Veli et Jak, elle discutait avec Nikos, le propriétaire grec du bar. D'ailleurs, elle s'amusait tellement qu'elle a à peine remarqué, je crois, que, vers deux heures du matin, nous avons quitté le bar pour descendre à la plage. Je savais que Zef souhaitait que je monte derrière lui sur sa moto, mais, même s'il me paraissait très sympa, ses ardeurs hésitantes ne m'attiraient pas autant que l'assurance de son ami. Aussi suis-je montée avec Jak.

Nous avons passé une ou deux heures, assis sur le sable encore chaud, à bavarder en fumant des cigarettes. Puis ils m'ont redéposée au bar, et maman et moi sommes remontées ensemble à pied à l'appartement. La vie chaotique que j'avais menée en Angleterre me semblait brusquement très loin.

Ensuite une routine s'est instaurée. Le matin et l'après-midi, j'allais me baigner et me faire bronzer à la plage avec maman. Puis nous rentrions nous doucher et nous changer à l'appartement avant de sortir dîner dans un café ou dans l'un des restaurants installés sur la place au centre-ville.

Ensuite, nous allions au bar, chez Nikos. C'était super de passer ainsi du temps avec ma mère à la plage, de rire, de papoter et de paresser au soleil, dont la chaleur détendait peu à peu toute la tension dans mes muscles.

Maman s'était fait pas mal d'amis au bar tant parmi les touristes que parmi la clientèle locale, de sorte que cela ne la dérangeait pas du tout de me laisser faire ce que je voulais le soir, que je passais la plupart du temps sur la plage avec Jak et ses amis. Toutefois, une chose l'inquiétait.

— Je n'aime pas le regard de Jak, me dit-elle. Il a quelque chose de mort et de froid dans les yeux. Je ne crois pas l'avoir jamais vu sourire, et toi ?

— Oh ! maman ! bougonnai-je en haussant les sourcils.

— C'est juste pour dire. Il a vraiment quelque chose de louche, insista-t-elle, alors que Zef a l'air d'un gentil garçon, et manifestement tu lui plais. À ta place, je garderais mes distances avec Jak et je songerais plutôt à Zef.

Cela m'étonnerait que des parents aient jamais réussi à convaincre leur enfant de « garder ses distances » vis-à-vis de quelqu'un qui lui plaît pour reporter son affection sur quelqu'un de plus convenable à leurs yeux ! Je me demande d'ailleurs combien d'enfants se disent, avec le recul, qu'ils auraient dû écouter le conseil de leurs parents. En réalité, on n'écoute personne quand on est jeune (sauf peut-être ses amis, qui ne sont guère plus conscients) parce qu'on croit tout savoir. En l'occurrence, il était de toute façon trop tard pour moi : m'étant déjà amourachée de Jak, je n'ai tenu aucun compte du conseil de ma mère, sans doute pourtant le meilleur qu'elle m'ait jamais donné.

Dès le milieu de la semaine, Jak avait entrepris de venir nous retrouver à la plage dans la journée. Comme il ne connaissait qu'une demi-douzaine de mots d'anglais, nous communiquions (étonnamment bien) par gestes. Un jour, en tout cas, il m'a clairement dit :

— Bébé, je t'aime.

J'ai cru défaillir quand il m'a embrassée. Nous étions constamment ensemble ou presque. Il m'avait déjà dit plusieurs fois qu'il ne voulait pas que je parte, et, quand il a pleuré, le dernier soir, j'en ai eu le cœur brisé.

À l'idée que je lui « plaise », sans parler du fait qu'il soit attiré par moi, je me disais que ma vie ne serait finalement peut-être pas aussi catastrophique que j'avais commencé à le croire.

À l'aéroport, le lendemain, maman et moi ne parlions pas beaucoup. Les choses s'étaient plutôt bien passées entre elle et Nikos aussi, et je savais qu'elle était aussi malheureuse que moi. Nous avions déjà enregistré nos bagages et nous traversions le hall en direction de l'entrée de la zone des départs, quand je me suis arrêtée pour lui demander, une main posée sur son bras :

— S'il te plaît, maman, pourquoi on ne resterait pas ? Je n'ai pas envie de rentrer. Pour faire quoi ? Je t'en prie, réfléchis-y, ai-je insisté, en pleurs.

— Je sais, Megan, a soupiré maman. C'est pareil pour moi. Mais on n'a pas le choix. Allez, ma chérie. Il faut y aller.

— Mais, maman…

Quelques jours auparavant, j'aurais sans doute piqué une crise et je me serais débattue pour ne pas monter dans l'avion. Cette fois, cependant, ce que je voulais – ne pas quitter Jak – m'importait vraiment et je savais d'instinct qu'une crise d'adolescente ne me permettrait pas de l'obtenir.

— Mais, maman…

Je reniflais pitoyablement en la regardant avec une mine à la fois, espérais-je, triste et compatissante.

— Comment peux-tu envisager une seconde de quitter Nikos alors qu'il t'aime ?

— Comment ça ?

Elle avait l'air presque gênée.

— Nikos n'est pas amoureux de moi, ajouta-t-elle avec une certaine mélancolie dans le regard.

— Si, justement ! insistai-je, tel un pêcheur sentant sa ligne mordre. Il me l'a dit hier soir. Il a dit qu'il n'avait pas envie que tu partes, mais qu'il ne savait pas quoi faire pour t'en empêcher.

— Ah bon ?

À la vue des larmes dans ses yeux, je crois que je n'aurais pas pu me sentir aussi mal si je l'avais frappée.

— Oui, il était vraiment malheureux, continuai-je sans pouvoir la regarder en face.

Comment ai-je pu mentir ainsi à ma mère ? Voilà une question que je me suis posée un million de fois et qui me fait encore pleurer quand j'y repense aujourd'hui. C'était égoïste et, finalement, très stupide de ma part. Parce que, si je n'avais rien dit à l'aéroport ce jour-là, nous serions rentrées, je me serais remise de ma peine de cœur avec le temps et, même si le reste de ma vie n'aurait peut-être pas été des plus heureux ni des plus passionnants, je n'aurais pas eu à endurer les six ans d'enfer auxquels j'ai ouvert la porte.

J'ai bien vu que maman avait pris sa décision : elle affichait cette expression qu'ont les enfants sur le point de commettre une bêtise. Et quand elle a dit : « Bon, dans ce cas » et qu'elle s'est dirigée d'un pas résolu vers le guichet des enregistrements, je l'ai suivie au petit trot, le cœur battant.

— Excusez-moi, a-t-elle dit à l'hôtesse. Nous avons décidé de ne pas prendre ce vol, finalement.

— Je suis désolée, a répondu la jeune femme, mais il est trop tard. Vos bagages sont déjà partis.

Son sourire glacial indiquait clairement qu'elle s'efforçait de garder son sang-froid pour ne pas traiter maman d'imbécile.

— S'il vous plaît, vous êtes sûre que vous ne pouvez rien faire ? insista maman, qui ne se rendait apparemment pas compte du mépris de son interlocutrice. Ma fille et moi devons rester une petite semaine de plus. Je vous en prie.

Je ne sais pas ce qui l'a fait changer d'avis. Peut-être cette femme n'était-elle pas si dure et indifférente, au fond ; peut-être lui faisions-nous pitié, serrées l'une contre l'autre, les larmes aux yeux, devant son guichet. Quoi qu'il en soit, elle s'est arrangée pour que nos deux grosses valises ne soient pas chargées dans l'avion, et, quelques minutes plus tard, nous nous sommes retrouvées en pleine chaleur devant l'aéroport à nous demander que faire ensuite.

Comme maman avait dépensé tout l'argent sur son compte en Angleterre, et qu'elle n'en aurait pas d'autre avant de toucher son salaire, nous n'avions pas les moyens de prendre un taxi.

Finalement, nous nous sommes avancées un peu sur la route, nous avons caché nos valises dans les buissons (après avoir convenu que nous réfléchirions plus tard à la manière de venir les récupérer) et nous avons fait du stop. Ce n'était pas terrible comme plan, mais nous n'avons pas trouvé mieux. La chance était cependant avec nous, puisque quelqu'un s'est arrêté pour nous prendre et a même accepté de nous ramener dans la station balnéaire où nous avions séjourné.

Notre chauffeur nous a déposées devant un restaurant où nous avions mangé à plusieurs reprises, dans la même rue que le bar de Nikos. Quand nous sommes descendues de voiture, maman a lissé sa jupe et pris une profonde inspiration.

— Je me sens si nerveuse, a-t-elle déclaré. Qu'est-ce que je vais lui dire ?

Je n'avais guère ouvert la bouche du trajet, embarrassée que j'étais par ce que j'avais fait. Là, je me suis mise à pleurer.

— Pardon, maman. J'ai menti. Nikos n'a pas vraiment dit qu'il t'aimait.

Elle est restée là un moment, sans bouger, comme si tout son corps s'était figé.

— Mais je suis sûre qu'il le pense, me suis-je dépêchée d'ajouter. J'ai bien vu à quel point cela le rendait triste quand tu parlais de partir.

Lorsqu'elle a fini par me regarder, on aurait dit qu'elle ne me reconnaissait pas. Elle a éclaté en sanglots et s'est laissée lourdement tomber sur une chaise à la terrasse du restaurant, toujours sans prononcer un mot, puis elle a commandé à boire et avalé une bonne gorgée de son verre.

— Oh ! Megan, qu'as-tu fait ? a-t-elle dit alors.

— Je suis désolée, maman. J'ai juste paniqué à l'idée de rentrer en Angleterre. Tout est si différent, pour nous deux, ici. Je ne me suis jamais autant amusée depuis des années. Et je sais que toi aussi. Je sais que Nikos t'apprécie vraiment, et il est si gentil.

Pourquoi rentrer alors que personne ne t'attend et que tu as quelqu'un comme lui ici ? Je suis sûre que tout ira bien.

Malgré mon ton affirmé, le doute s'insinuait déjà en moi, et je n'étais pas si certaine que les choses tourneraient si bien, ni pour l'une ni pour l'autre. Heureusement, maman étant trop sonnée pour se fâcher contre moi, une fois nos verres terminés, nous sommes descendues ensemble jusqu'au bar de Nikos.

Maman s'est arrêtée devant quelques secondes, juste pour prendre sa respiration. Puis elle a avalé sa salive et franchi le rideau de perles qui pendait dans l'entrée. Nikos installait les tables pour le soir.

En entendant tinter le rideau, il s'est retourné vers la porte avec un pâle sourire, et je crois que mon cœur s'est arrêté de battre. Puis, brusquement, en se rendant compte que c'était nous, il a jeté le torchon qu'il tenait et s'est précipité à notre rencontre. Il nous a alors serrées très fort dans ses bras, d'abord ma mère, puis moi.

— On a décidé de prolonger notre séjour d'une semaine, a annoncé nerveusement maman lorsqu'elle a pu reprendre son souffle.

— J'en suis ravi, n'arrêtait pas de répéter Nikos. Moi qui travaillais en regrettant votre départ, et vous revoilà ! Où logez-vous ?

— On n'a nulle part pour l'instant, mais..., expliqua maman sur un ton gêné.

— Ce n'est pas un problème, l'interrompit Nikos. Je m'en occupe.

Il servit un verre à maman, déboucha une bouteille de Coca pour moi, puis passa un coup de fil. En quelques minutes, tout était arrangé. Maman et moi logerions dans un appartement appartenant à l'un de ses amis (un logement qui se révéla spacieux et avec vue sur la mer). Lorsque maman lui expliqua ce que nous avions fait de nos valises, Nikos éclata de rire, puis nous conduisit à l'aéroport pour les récupérer dans les buissons. Les quelques jours suivants, jusqu'à ce que la paie de maman lui soit versée sur son compte en Angleterre, il nous nourrit également et régla le loyer de l'appartement.

Compte tenu de la réaction de Nikos par rapport au retour de maman, j'étais très nerveuse, mais aussi impatiente à la perspective de revoir Jak. Je n'eus pas à attendre longtemps, car il passa au bar le soir même et se montra aussi surpris et heureux de me voir que je l'espérais.

Au fil des jours, tout se passait si bien entre maman et Nikos, et entre moi et Jak que, contrairement à son intention, maman ne réserva pas de vol retour la semaine suivante. À vrai dire, il s'écoula encore six semaines avant qu'elle n'envisage de rentrer en Angleterre.

Deux jours après notre retour en stop de l'aéroport, Jak passa me prendre à l'appartement pour m'emmener dans sa famille, qui vivait dans une petite maison à la campagne. Personne chez eux ne parlait anglais, mais, comme sa mère n'arrêtait pas de me tâter de ses doigts osseux en émettant des claquements de langue, j'appris très vite comment se disait « trop maigre » en albanais. Ce que je n'avais pas compris, cependant, c'est qu'elle comptait bien s'employer à me faire engraisser au plus vite.

Il avait déjà été convenu que Jak et moi resterions déjeuner. Or, nous venions juste de nous asseoir à table quand sa mère est sortie de la cuisine avec un grand plat dans les mains. Postée à côté de moi, elle me le plaça sous le nez et, au moment où je tournais la tête pour regarder, fourra ses doigts dans la bouche de la tête de chèvre bouillie pour en sortir la langue tout en hochant la tête avec une expression de délice. Je crois que j'aurais trouvé répugnant d'être si près de la tête d'une chèvre morte, même si je n'avais pas été végétarienne. Heureusement, je parvins de justesse à détourner la tête avant de vomir tripes et boyaux.

La gêne que j'éprouvais déjà du fait d'être l'objet de toutes les attentions n'était rien en comparaison de la honte d'avoir répandu le contenu de mon estomac par terre. Moi qui voulais tant que la famille de Jak m'aime... Mais, lorsque mes haut-le-cœur ont cessé, sa sœur n'a même pas pris la peine de contenir son irritation et c'est avec force claquements de langue impatients qu'elle m'a poussée vers la salle de bains.

— Pardon, je suis désolée, ne cessais-je de répéter, mais sa mère était déjà partie chercher une serpillière dans la cuisine pour tout nettoyer, et je ne sais même pas si elle m'a entendue.

Après le déjeuner – dont je n'ai rien pu avaler –, tout le monde semblait avoir plus ou moins surmonté sa contrariété, et nous nous sommes installés dehors pour écouter de la musique albanaise en buvant du jus de fruits. Ils me parlaient en albanais, et comme Jak ne pouvait traduire que quelques mots en anglais, nous communiquions essentiellement par gestes et par dessins. Je suis timide et assez facilement intimidée, alors qu'ils étaient bruyants et expansifs. C'est donc avec soulagement que j'ai entendu Jak annoncer qu'il était temps de rentrer ; et il m'a ramenée à l'appartement en moto.

Quelques jours après cette visite, maman a voulu parler de sexualité avec moi. Je ne me souviens plus exactement de ce qu'elle m'a dit, si ce n'est qu'elle souhaitait que j'attende.

— Tu n'es pas pressée, Megan. Néanmoins, le jour où tu auras des rapports, veille à utiliser un préservatif, me conseilla-t-elle.

Je comprends pourquoi il était important pour elle d'avoir cette discussion avec moi, même si, en fait, je n'avais aucune intention de « le faire » du tout. Je pouvais être une adolescente têtue et difficile, mais j'étais très naïve. J'étais vierge quand je suis allée en Grèce avec maman, et l'idée d'avoir des rapports, avec qui que ce soit, ne m'avait jamais effleurée. C'était l'amour et non le sexe que je recherchais tant, même si, évidemment, je ne m'en rendais pas compte à l'époque.

En fait, tout ce qui touchait au sexe me répugnait depuis mes douze ans. Chez quelqu'un, j'avais vu une vidéo porno. Je n'en avais regardé que quelques minutes ; c'était violent et très loin de tout ce que j'avais imaginé concernant les rapports amoureux, et je trouvais cela déstabilisant. À partir de là le sexe avait été associé dans mon esprit à des choses traumatisantes et dégoûtantes. Alors, à l'époque où mon père avait commencé à me tenir d'horribles propos salaces et à essayer de me faire coucher avec ses amis, lorsque je m'étais retrouvée chez lui, j'avais pris la décision presque inconsciente d'éviter les rapports sexuels aussi longtemps que je pourrais.

C'est la troisième semaine de notre séjour prolongé que mon ami Dean, notre voisin en Angleterre, est venu nous rejoindre pour quelques jours, maman et moi, à l'appartement. Cela m'avait fait très plaisir quand il avait annoncé qu'il venait et, au début, j'étais très contente qu'il soit là. Tard le soir, après la fermeture des bars, nous descendions tous ensemble à la plage (moi, Dean, Jak et ses amis) et nous bavardions jusqu'au lever du soleil.

Dean s'entendait vraiment bien avec Zef. D'ailleurs, au bout d'un jour ou deux, il m'a demandé, comme ma mère l'avait fait :

— Pourquoi tu préfères Jak à Zef ? Je ne comprends pas du tout ton attirance pour lui. Il ne sourit jamais et il a le regard très dur. Je ne l'aime pas et je ne lui ferais certainement pas confiance.

Je crois que je n'aurais écouté personne de toute façon, à ce stade, parce que j'étais déjà accro. Le plus triste, malheureusement, c'est que les propos de Dean, ce jour-là, ont terni notre relation, et nous ne nous sommes plus si bien entendus le reste de la semaine où il était là. J'ai perdu contact avec lui après son retour en Angleterre, ce que je regrette profondément, car je ne l'ai pas revu avant son suicide, il y a un an ou deux.

Ce que font les trafiquants d'êtres humains est vil et méprisable, mais je suppose que cela a un sens sur le plan financier puisque le commerce de la vie de gens qu'ils ne connaissent pas ou dont ils se soucient peu rapporte de l'argent à ces criminels froids et durs. Ce que je n'arrive pas à comprendre, c'est ce qu'ont à gagner ceux qui martyrisent les autres. Apparemment, pour les gens comme ceux qui ont persécuté et tourmenté Dean, et, pour finir, détruit sa vie, le but est purement et simplement de provoquer la détresse.

D'une certaine manière, cela les rend presque pires que les trafiquants d'êtres humains et de drogue, pour qui le fait de ruiner la vie des autres est un simple dommage collatéral du business qui leur permet de s'en mettre plein les poches.

Lorsque Jak est passé me chercher à l'appartement, un jour, peu après le retour de Dean en Angleterre, il m'a tendu un sac en plastique en déclarant, sur un ton solennel :

— Pour toi.

À l'intérieur, il y avait un débardeur bleu et un pantacourt en coton.

— C'est très joli, mais pourquoi m'offres-tu des vêtements ? demandai-je.

— Tu as besoin, répondit-il avec un haussement d'épaules. Ma mère, elle achète pour toi. Elle dit tu as besoin.

— Ton anglais s'améliore, m'esclaffai-je.

Mais j'étais gênée, parce que je savais que sa famille était pauvre.

Jak m'a emmenée dans un café, où il a indiqué du doigt les toilettes en me suggérant un essayage. À ma grande surprise, les vêtements m'allaient parfaitement, et sa réaction m'a fait très plaisir quand je suis revenue dans ma nouvelle tenue. Après un café, il m'a emmenée en moto chez lui, où sa mère m'a fait tournicoter pendant qu'elle ajustait le haut sur mes épaules. Puis elle a dit quelque chose que Jak m'a traduit :

— On dirait une Albanaise.

J'ai rougi, parce que j'étais gênée par tant d'attention et parce qu'il semblait que, malgré l'incident avec la tête de chèvre, sa mère avait finalement décidé de m'accepter dans sa famille. Or, c'était pour moi quelque chose de très spécial et de réconfortant.

Je crois que ce jour-là, pour la première fois peut-être, j'ai envisagé la possibilité que ma vie se révèle différente de ce dont je commençais à être persuadée. J'osais à peine y croire lorsque Jak m'embrassait et me disait qu'il m'aimait tandis qu'il me déposait le soir à l'appartement. Je lui étais reconnaissante de sa patience et de sa douceur, mais aussi du fait que jamais il ne me mettait la pression pour faire l'amour. J'étais déjà folle de lui ; alors, le jour où sa mère m'a acheté des vêtements et fait comprendre qu'elle m'acceptait, je l'ai regardé et j'ai songé : « C'est l'homme de ma vie. Celui avec lequel je veux passer le restant de mes jours. »

Il ne m'a donc pas été difficile de prendre ma décision, lorsqu'il m'a demandé, quelques jours plus tard, de quitter l'appartement pour emménager avec lui dans sa famille jusqu'à la fin de notre séjour en Grèce.

3

Bien qu'elle n'aimât pas Jak, en qui elle n'avait pas confiance, maman n'a pas vraiment émis d'objections à mon départ chez lui, parce qu'elle savait, j'imagine, que ses parents seraient là. Elle avait beau passer la majeure partie de son temps avec Nikos, je la voyais ou lui parlais presque tous les jours, même après avoir quitté l'appartement. Comme Jak était jardinier, je pouvais l'accompagner à son travail, m'asseoir au soleil et bavarder avec lui. Environ quinze jours après notre faux départ, à maman et moi, j'ai commencé à m'apercevoir de ses progrès en anglais.

— J'apprends vite, m'affirma-t-il quand je lui en fis la remarque.

Je n'avais aucune raison d'en douter.

Il me répétait souvent :

— Je n'ai pas envie que tu partes. J'aimerais que tu restes ici pour toujours. Je t'aime.

Et je le croyais aussi. Je voulais tellement que ce soit vrai, parce que je savais que je l'aimais. À quatorze ans, je crois que la seule ambition que j'avais était de savoir que j'étais l'élue du cœur de quelqu'un.

Je ne suis restée dans la famille de Jak que quelques jours avant qu'on emménage ensemble dans un petit appartement situé dans une ville un peu plus loin sur la côte. Mais je n'en ai rien dit à maman. J'ai continué à la laisser croire que nous vivions chez ses parents. Cela faisait à peine deux jours que nous avions emménagé lorsque nous avons eu une dispute terrible. Comme j'ai annoncé que je n'allais pas au travail avec lui ce matin-là, parce que je voulais passer un peu de temps avec ma mère, Jak a pris un air blessé et m'a demandé :

— Pourquoi ne veux-tu pas passer la journée avec moi ?

— Je passe toutes mes journées avec toi, ai-je expliqué, et je te verrai ce soir. Mais, aujourd'hui, je veux voir ma mère.

À ma grande surprise, il s'est brusquement mis à crier. Je ne comprenais pas tout ce qu'il disait, parce que, plus sa colère montait, plus son anglais semblait lui échapper. Puis il m'a hurlé en pleine figure :

— Tu ne m'aimes pas ! J'ai envie de passer tout mon temps avec toi, mais pas toi.

Cela m'aurait fait plaisir de penser qu'il était jaloux si j'avais prévu de passer la journée avec quelqu'un d'autre. Mais c'était ma mère que je voulais voir, et sa réaction me dépassait. Comme je n'avais pas complètement perdu mon agressivité d'adolescente, j'ai crié à mon tour. Alors, les voisins se sont plaints du bruit au propriétaire, à cause de la forte querelle qui s'en est suivie, et on nous a expulsés le lendemain.

Jak s'en voulait de s'être montré jaloux, et j'étais flattée qu'il m'explique que la raison pour laquelle il était si fâché était qu'il m'aimait tant qu'il me voulait tout le temps avec lui. Ce dont je ne me rendais pas compte, évidemment, c'était que, loin d'être une simple dispute, il s'agissait de la première étape dans ses efforts déterminés pour me séparer de ma mère.

Peu après notre installation dans un autre appartement – à quelques rues, dans la même ville –, maman m'a annoncé qu'elle avait réservé deux places pour nous sur un vol de retour pour l'Angleterre. Apparemment, elle n'avait pas payé le loyer chez nous depuis six semaines, et une de ses amies l'avait prévenue par téléphone que les gens des HLM étaient venus tout débarrasser. Ils avaient mis nos affaires à la benne et changé les serrures.

— Je ne veux pas partir, ai-je répondu. Il n'y a vraiment plus rien qui nous attend maintenant.

— Je n'ai pas envie de partir non plus, mais il le faut, a-t-elle objecté, inflexible. Juste pour quelques semaines. Une fois que tout sera réglé à la maison, on reviendra.

Comme tout se passait vraiment très bien entre maman et Nikos, je savais qu'elle avait autant de raisons que moi de vouloir rester. Même quelques semaines me paraissaient cependant une éternité, surtout que je savais déjà d'expérience avec quelle rapidité les choses peuvent changer, et de manière irréversible.

Jak était bouleversé quand je l'ai mis au courant.

— Je ne sais pas comment je vais pouvoir survivre si tu me quittes, dit-il dans un anglais désormais excellent.

La veille de notre vol, Jak a bu pas mal de whisky et pleuré en me déclarant :

— Je vais tant souffrir si je dois vivre sans toi ne serait-ce que quelques semaines.

Puis, le visage inondé de larmes, il s'est planté sa cigarette allumée sur le bras. J'étais effrayée, mais aussi fascinée par tant de passion, ainsi que par l'idée qu'il m'aimait vraiment et qu'il était aussi malheureux que moi à la perspective de notre séparation.

Malgré le fait que nous partagions le même lit depuis des semaines, nous n'avions toujours pas fait l'amour ensemble, même si cela avait failli se produire à plusieurs reprises. C'était encore une chose que j'appréciais vraiment chez lui : le fait qu'il me laissait toujours tranquille dès qu'il sentait que je me raidissais. J'ai mal dormi cette nuit-là ; chaque fois que je me réveillais et que je sentais ses bras autour de moi, je redoutais la perspective d'être de nouveau seule.

Le lendemain matin, maman et Nikos sont allés à l'aéroport en voiture avec ma valise, tandis que Jak m'y conduisait en moto. Une fois que nous fûmes garés devant le terminal, quand je me suis tournée pour l'embrasser une dernière fois, j'ai vu qu'il pleurait.

— Ne pars pas, Megan, dit-il en me prenant le visage dans ses mains, le regard plongé dans mes yeux pleins de larmes, eux aussi. Je t'aime tant. S'il te plaît, ne t'en va pas. Remonte derrière, je t'emmènerai loin d'ici et on vivra ensemble. Je t'en prie, Megan. Je t'aime.

C'est alors que j'ai compris que je ne pouvais pas le quitter. On s'éloignait déjà sur la route de l'aéroport quand le téléphone de Jak s'est mis à sonner. La sonnerie a retenti jusqu'à ce qu'il arrête la moto et réponde. Après avoir écouté, impassible, pendant quelques secondes, il m'a tendu le téléphone :

— Ta mère. Elle est furieuse.

Sa voix me parvint avant même que j'aie le temps de coller le téléphone sur mon oreille, et il était évident qu'elle était fâchée.

— Où es-tu passée, Megan ? Tout le monde se dirige vers la porte d'embarquement. On va rater l'avion, si tu n'arrives pas tout de suite ! s'exclamait-elle. Qu'est-ce que tu fais ? S'il te plaît, Megan.

— Je ne viendrai pas, dis-je, troublée de m'apercevoir que le son de sa voix ébranlait ma résolution.

Mais il était trop tard, je le savais, pour changer d'avis.

— Je ne rentrerai pas, maman. Je ne peux pas quitter Jak. Je l'aime et il m'aime. On va vivre ensemble.

— Enfin, Megan...

Sa voix céda un instant place à l'écho d'une annonce d'un vol. Quand elle a repris la parole, j'ai bien entendu qu'elle pleurait.

— Je t'en prie, Megan, ne fais pas ça, a-t-elle supplié. Rentre avec moi. On reviendra, c'est promis.

— Je l'aime, maman, ai-je répété en essuyant mes larmes du revers de la main.

— Je crois que tu ne comprends pas.

Le ton montait.

— Bon sang, Megan, tu n'as que quatorze ans ! Ce n'est pas à toi de prendre une telle décision. Si tu ne viens pas à l'aéroport immédiatement pour prendre ce vol avec moi, je vais devoir aller trouver la police.

Je ne savais pas quoi répondre. Comment lui faire comprendre qu'il était hors de question que je revienne ?

— Megan, écoute-moi, il faut que tu rentres. Tu ne peux pas rester là toute seule !

Je voyais bien qu'elle cédait à la panique.

— Megan, je t'en supplie. C'est notre vol qu'ils appellent !

— Je ne peux pas rentrer, ai-je persisté, les joues de nouveau en larmes. Je me suiciderai si tu essaies de m'y obliger. Je ne plaisante pas, maman. Je veux rester avec Jak.

Je n'ai pas entendu ce qu'elle a dit après, car j'ai arraché le téléphone de mon oreille.

J'en pleure encore quand je repense à cet échange. Je n'en veux pas à ma mère d'être partie sans moi. Mon choix de rester en Grèce l'a prise (comme moi) par surprise et mon chantage au suicide a dû déclencher chez elle un tel sentiment de panique qu'elle n'a pas su quoi faire d'autre. Après avoir récupéré son téléphone dans mes mains tremblantes, Jak nous a conduits chez un ami à lui qui habitait dans un immeuble.

À peine entrée, j'ai éclaté en sanglots. Jak avait beau me répéter que tout irait bien, subitement, je ne me voyais pas vivre sans ma mère. Je m'en voulais aussi beaucoup de lui causer autant de soucis et, même si quelques minutes à peine plus tôt je croyais ne plus jamais pouvoir être heureuse si je devais quitter Jak, maintenant, j'avais peur et je regrettais ma décision.

— Laisse-moi une minute, ai-je dit à Jak.

En sortant sur le balcon, j'ai vu un avion au loin. Il avait l'air de s'élever très lentement dans le ciel au-dessus des toits. Comme je pouvais distinguer les couleurs de la compagnie aérienne sur sa queue, j'ai su que c'était celui que j'aurais dû prendre avec ma mère. Puis mon désarroi a viré à l'hystérie et je me suis mise à agiter les bras en criant :

— Je suis là, maman ! Tu me vois ? Reviens ! Ne me laisse pas ici ! S'il te plaît, maman ! Pardon ! Ne rentre pas sans moi !

Pendant un instant, convaincue d'apercevoir son visage par un hublot, j'ai cru qu'elle me voyait sur le balcon. Puis une vague d'angoisse m'a submergée et j'ai suffoqué. Alors, j'ai rouvert la porte-fenêtre en hurlant :

— Je veux ma mère !

Puis j'ai quitté l'appartement en courant et je suis descendue jusque dans la rue. J'ai continué à courir, jusqu'au bout, avant de tomber à genoux sur les pavés chauds en sanglotant :

— Pardon, maman. Je t'en prie, reviens.

Quand Jak m'a rattrapée, je faisais encore des signes vers le ciel désormais vide.

— Allez, rentre. Tout ira bien, a-t-il dit en enveloppant mon corps tremblant de ses bras pour me relever, puis me porter à moitié.

De retour à l'appartement, Jak m'a tendu une tasse de chocolat chaud.

— Bois ça. Ensuite, tu iras prendre une douche. Tu te sentiras mieux, assura-t-il.

Mais ce ne fut pas le cas. Je passai le reste de la journée à fixer le mur de la salle de séjour pendant que Jak et son ami regardaient la télévision.

Cette fois, comme ma valise était dans l'avion avec maman, je n'avais plus rien à part mon sac à main et les vêtements que je portais.

— Je t'achèterai quelque chose demain, me dit Jak le soir même, une fois que nous fûmes couchés.

Néanmoins, j'avais beau savoir que ce que j'avais fait n'était pas sa faute, je me détournai lorsqu'il voulut me toucher.

— Pas maintenant.

— Je comprends, dit-il. Je t'aime.

Le lendemain matin, Jak et Vasos partaient travailler lorsque je me réveillai, pas moins fatiguée que la veille.

— Toi, tu restes ici, a déclaré Jak. Tu n'as qu'à ranger un peu.

La journée s'est écoulée avec une incroyable lenteur. Je me sentais engourdie et je n'arrivais ni à manger ni à penser à autre chose qu'à ma mère. Où pouvait-elle bien être maintenant ? Que faisait-elle ? Comment se sentait-elle ?

— Elle va revenir, ne cessais-je de me répéter. Je ne vais pas tarder à la revoir.

Même si je savais que c'était vrai, cela ne parvenait pas à me réconforter. Au fil des heures, je sentais un besoin de plus en plus pressant de lui parler. Aussi quand, à son retour du travail, le soir, Jak m'a dit qu'elle lui avait envoyé un texto et que je ferais mieux de l'appeler, je lui ai presque arraché le téléphone des mains.

— Je me suis fait un sang d'encre, m'a-t-elle avoué. Prends bien soin de toi. Je reviens dès que possible, promis.

Je me suis sentie beaucoup plus calme après lui avoir parlé. Même si je savais qu'elle allait me manquer, c'était stupide de ma part de me mettre dans un état pareil, surtout que j'avais Jak pour s'occuper de moi jusqu'à ce qu'elle revienne. D'ailleurs, j'allais très bien maintenant que je savais que maman ne s'inquiétait plus pour moi et que je pourrais lui envoyer des textos et lui parler tous les jours grâce au téléphone de Jak.

Pendant une quinzaine de jours, nous nous sommes installés dans une routine agréable. Dans la journée, soit j'accompagnais Jak au travail, soit je restais chez Vasos. Puis, le soir, après avoir mangé un morceau, nous sortions au café. Je disais souvent à Jak que j'étais impressionnée par l'extraordinaire rapidité de ses progrès en anglais, et il répondait en m'apprenant quelques mots d'albanais, puis il me disait qu'il était fier de moi quand je les lui répétais.

Un soir, alors que nous étions assis en terrasse sur la place du centre-ville, le téléphone de Jak a sonné. Il a écouté avant de parler rapidement quelques secondes en albanais. Puis il a posé le téléphone sur la table et soupiré.

— Un problème ? ai-je demandé en lui touchant le bras. Il est arrivé quelque chose ? Ça va ?

— J'ai juste reçu de mauvaises nouvelles. Ma mère est très malade, a-t-il dit, les yeux remplis de larmes.

— Oh non ! Je suis désolée.

Je lui serrai le bras.

— Qu'est-ce qu'elle a ?

— Le cancer.

Il a étendu les mains, paumes au ciel, dans un geste d'impuissance.

— La gorge. Le médecin pensait que c'était... Comment tu appelles ça ?

Il se toucha le cou.

— *Tiroide* ?

— La thyroïde ?

Il a hoché tristement la tête.

— Ils ont fait des examens, et aujourd'hui ils ont dit que c'est le cancer.

— Oh ! Jak, c'est horrible ! Et on peut le soigner ?

Le son qu'il a émis ressemblait à un éclat de rire coléreux.

— Oui, ça se soigne, si on a les moyens de se faire opérer. On n'est pas en Angleterre, tu sais. Une simple consultation coûte cinquante euros ici. Je n'imagine même pas ce que coûterait l'opération.

Il se frotta le visage avec ses mains et essuya les larmes qu'il ne cachait plus.

— Mes parents n'ont pas d'argent. Tu le sais. Et il me faut toute une journée pour gagner cinquante euros, même en travaillant très dur.

Il a soupiré de nouveau, et j'ai essayé de trouver quelque chose de réconfortant à dire, mais en vain.

— Il va falloir que je me trouve un deuxième boulot, a-t-il fini par conclure. J'espère juste que je pourrai gagner assez pour payer le traitement dont ma mère a besoin avant que…, avant qu'il ne soit trop tard. Je n'ai pas le choix : on ne peut quand même pas rester assis là à regarder souffrir, puis mourir ceux qu'on aime.

Entre-temps, je m'étais mise aussi à pleurer. J'avais toujours eu le sentiment que la mère de Jak ne m'aimait pas vraiment, mais cela ne changeait rien au fait que j'étais désolée pour elle, et pour Jak aussi. Je savais l'affection qu'il avait pour sa mère, et je ne pouvais même pas imaginer ce que cela me ferait de savoir ma propre mère gravement malade. Ce n'est que beaucoup plus tard que j'ai su que Jak aurait pu remporter un prix d'interprétation, ce soir-là.

Je crois qu'il avait déjà décidé qu'on allait retourner chez ses parents. C'est donc ce qu'on a fait un ou deux jours plus tard. Je n'en avais pas du tout envie, mais je n'allais pas discuter, étant donné les circonstances. Parfois, je le voyais toucher sa mère à la gorge pendant qu'il lui parlait, mais, sinon, ni elle ni aucun autre membre de la famille ne montrait le moindre signe indiquant qu'elle était malade.

Je n'accompagnais plus Jak au travail. Je restais à la maison pour aider sa mère et sa sœur aux lourdes tâches ménagères que je dus apprendre à effectuer à « leur » manière, sous des regards de mépris non dissimulé pour mes lacunes en la matière.

Les parents de Jak dormaient dans l'unique vrai lit de la maison, et tous les jours il fallait en soulever le matelas pour le sortir et le battre avec une sorte de tapette en osier en forme de raquette de tennis. Puis nous le laissions s'aérer avant de le remettre sur le lit, en le retournant. La plupart du temps, tous les draps et les couvertures devaient également prendre l'air, à part les jours de lessive, où nous les sortions dans le jardin pour les frotter et les brosser jusqu'à en avoir les articulations à vif dans une eau gelée au fond d'une bassine en métal.

J'avais beau travailler dur, j'avais l'impression que jamais je ne parviendrais à faire quoi que ce soit comme il le fallait. Un jour, alors que j'avais du mal à soulever quelque chose de bien trop lourd pour moi, la mère de Jak a émis un claquement de langue, puis dit quelque chose à Jak, qu'il a traduit à peu près ainsi :

— Les Anglaises sont très sales.

C'était injuste et sans aucun rapport avec ce que j'étais en train de faire. Le plus vexant pour moi, ce fut surtout le fait que le ton de Jak laissait entendre qu'il était d'accord sur le fond.

Depuis que j'étais toute petite, ce que j'ai toujours voulu par-dessus tout, je crois, c'est qu'on m'aime. Je détestais en particulier me trouver en présence du père de Jak, car il ne faisait aucun effort pour masquer son impatience à mon égard. Chaque fois qu'il entrait dans une pièce où je me trouvais, il me foudroyait du regard, claquait la langue avec colère et disait de toute évidence une méchanceté en albanais avant de ressortir. Cela n'avait peut-être rien de personnel, toutefois, car il n'était guère plus gentil avec sa femme, qu'il ne cessait de houspiller alors qu'elle était malade.

Chaque repas, tout le monde s'asseyait à table tandis que la mère de Jak servait, puis restait debout pour manger. La première fois, je me suis aussitôt levée pour lui offrir ma chaise. Elle m'a regardée comme si j'avais commis une infamie, puis a lancé un regard anxieux vers son mari, qui a grommelé quelque chose, tandis que Jak m'a presque crié :

— Qu'est-ce qui te prend ? Elle reste debout !

Apparemment je m'étais montrée insultante, mais je ne comprenais pas comment et j'étais très gênée. Plus tard, j'ai demandé à Jak :

— Pourquoi tu laisses ton père traiter ta mère comme ça ? Je ne comprends pas pourquoi un homme oblige une femme à rester debout pour manger. Ça ne se fait pas, en Angleterre. Tout le monde s'assoit ensemble à table.

— C'est la culture albanaise, m'a-t-il répondu sur un ton sec. En Albanie, les femmes aiment leur mari et les maris aiment leur femme. Peut-être que ça ne se passe pas comme ça non plus en Angleterre. En Albanie, les femmes font tout pour leur mari. C'est ça, la famille.

En fait, je n'avais pas assez d'expérience en matière de vie de famille normale pour discuter avec lui. Cependant, cela me semblait une manière très curieuse de traiter quelqu'un qu'on aime.

Plus les jours passaient, plus j'étais malheureuse, jusqu'à ce que je finisse par expliquer à Jak que je me sentais mal dans sa famille et lui demande si nous ne pourrions pas nous trouver un logement à nous. Son accord m'a paru une preuve d'amour, et, un ou deux jours plus tard, nous avons en effet déménagé. Le studio qu'il avait loué était minuscule, mais je crois qu'à ce moment-là, j'aurais accepté de vivre dans une cabane ou sous une tente, du moment que je ne subissais plus la désapprobation de sa famille et n'avais plus le sentiment permanent de n'être jamais assez bien.

C'est peu après notre emménagement que j'ai commencé à apercevoir l'autre facette de Jak. Peut-être était-ce cet aspect de sa personnalité que ma mère pensait voir se refléter sur son visage et dans la « dureté » de son regard et qui l'incitait (tout comme Dean) à me conseiller de ne pas tomber amoureuse de lui. Il nous arrivait de nous disputer assez violemment, mais rien de pire que les scènes que je pouvais faire à ma mère et à ma sœur.

Après notre emménagement dans le studio, toutefois, Jak faisait parfois la tête quand il rentrait du travail et se fâchait pour des broutilles (par exemple, si le dîner n'était pas sur la table dès qu'il franchissait la porte).

— C'est comme ça chez les Albanais, disait-il.

Alors, comme je l'aimais et parce que je voulais lui plaire et qu'il m'aime, je me disais qu'il avait raison et que « la manière albanaise » de faire les choses était en effet la meilleure.

Lorsque nous séjournions dans sa famille, la mère de Jak m'incitait toujours à la regarder faire la cuisine pour apprendre. Aussi, après notre déménagement, tentai-je de me souvenir des repas qu'elle préparait. Un jour, je décidai de concocter une sorte de soupe à base de riz, d'épinards et de poulet bouilli au citron. Il n'y avait pas de cuisine dans l'appartement, qu'un évier et un petit domino électrique dans un coin de la pièce, qui constituait aussi notre salon-chambre.

Je remuais la soupe sur le feu lorsque Jak est rentré du travail. Il était visiblement fatigué et affamé ; toutefois, rien ne laissait présager ce qui allait se passer. Je venais de m'emparer d'une louche pour servir deux bols lorsqu'il s'est interposé.

— Laisse, je vais le faire, a-t-il déclaré avec un laconisme qui m'a prise au dépourvu.

Puis, à l'aide d'une cuillère, il a goûté le plat et s'est immobilisé un instant, la cuillère toujours aux lèvres. On aurait dit que chacun des muscles de son corps s'était figé. Quand il a enfin tourné la tête vers moi, il avait une expression horrible, que je ne lui avais jamais vue et que je n'arrivais pas à interpréter, moi qui croyais lui faire plaisir en essayant de préparer un plat qu'il aimait. Même si je ne voyais pas du tout pourquoi, il était clairement mécontent. Soudain, mes mains sont devenues moites, et la nausée m'a envahie.

Très lentement, Jak s'est détourné des plaques de cuisson.

— Tu ne sais même pas faire la cuisine ! a-t-il crié. Tu n'as donc rien appris avec ma mère ?

Puis il a saisi la casserole et l'a jetée à travers la pièce.

Lorsqu'elle s'est écrasée contre le mur juste au-dessus de ma tête, son contenu a été projeté dans tous les sens. J'ai retiré mon haut en coton taché en hurlant :

— Qu'est-ce qui te prend ? Ça ne va pas ?

C'était un tel choc pour moi que tout mon corps tremblait, mais je n'ai pas pleuré au début. Puis, comme une enfant qui comprend subitement ce qui lui arrive, je me suis mise à gémir.

— Je veux rentrer chez moi. Je veux ma mère.

Comme si on avait appuyé sur un bouton, la fureur de Jak s'est aussitôt éteinte et a cédé la place à des larmes d'angoisse.

— Pardon, a-t-il répété plusieurs fois. Je suis désolé. Je ne sais pas ce qui m'a pris.

— Je m'en fiche ! lui ai-je crié. Je veux ma mère.

— Non, s'il te plaît, je suis désolé.

Il a avancé d'un pas vers moi, les bras tendus.

— Je vais t'apprendre à faire la cuisine. Ce n'est pas grave. Je ne suis pas comme ça. C'est juste que je me fais du souci pour ma mère. Ça me frustre de ne pouvoir rien faire pour elle.

Heureusement, à part quelques petites brûlures dans le dos, je n'avais rien. Jak a attendu que je me sois lavé les cheveux, pleins de poulet, de riz et d'épinards, et changée pour m'emmener dîner dehors. Ensuite, nous nous sommes rendus en moto dans les montagnes où, assis sur un rocher au bord de la route, en bavardant, nous avons contemplé les lumières de la côte. Jak a pointé du doigt un groupe d'étoiles et m'a dit :

— Ce seront nos étoiles. Quoi qu'il arrive à l'avenir, où que tu sois, tu pourras lever les yeux vers le ciel en sachant que je vois aussi ces étoiles et que je pense à toi.

Le temps que nous soyons redescendus de la montagne plongée dans la nuit, il avait apaisé mes angoisses et regagné ma confiance.

4

Quelque temps après ma malheureuse initiative, Jak et moi buvions un café en terrasse un soir, lorsqu'il m'a demandé :

— Que dirais-tu de travailler ? Avec l'argent que tu gagnerais, on pourrait payer le traitement dont ma mère a besoin, acheter une voiture et commencer à faire des économies pour notre propre maison. Il nous faudra un toit si on veut avoir des enfants.

Je n'avais pas encore quinze ans, et nous ne couchions pas encore ensemble, mais l'idée que Jak m'aimait et voulait fonder une famille avec moi me rendait folle de joie. Grâce à Jak, j'allais pouvoir tourner la page de ma propre enfance tumultueuse et recommencer ma vie pour de bon.

— J'adorerais travailler, ai-je répondu. Je ne sais pas ce que je pourrais faire, mais, oui, bien sûr.

— Oh ! il y a des tas de boulots que tu pourrais faire ! a-t-il assuré. Femme de ménage, serveuse ou…

— J'ai toujours pensé que ce serait sympa d'être serveuse, l'ai-je interrompu.

— Bien, a-t-il approuvé avec un hochement de tête. Je vais appeler mon cousin Mergim pour voir ce qu'il peut arranger pour toi.

Pendant que Jak téléphonait à son cousin, j'ai savouré mon café en essayant de m'imaginer l'établissement où j'allais bientôt servir de joyeux et chaleureux clients qui me laisseraient de gros pourboires.

— C'est bon, m'a annoncé Jak quelques minutes plus tard. Mergim peut t'avoir un boulot à Athènes.

— Ah bon ? Oh ! Jak, c'est super ! J'ai hâte.

— Il y a même plusieurs boulots parmi lesquels tu peux choisir, a-t-il déclaré. On pourra décider sur place. Ensuite, on pourra prendre un appartement...

Je n'en revenais pas : nous allions partir à Athènes ! Cette fois, j'allais pouvoir oublier le passé ; l'avenir s'annonçait différent à presque tous les points de vue. Le lendemain matin, Jak a fait sa valise en y ajoutant les vêtements qu'il m'avait achetés après que toutes mes affaires ou presque étaient reparties en Angleterre avec maman.

Puis nous avons pris un taxi pour la gare routière, où nous avons bu un café en attendant le car qui allait nous conduire vers notre nouvelle vie.

Le trajet jusqu'à Athènes a pris plusieurs heures. Le cousin de Jak avait dit qu'il viendrait nous chercher à notre arrivée, mais il nous a appelés en route pour dire qu'il avait des choses à régler et que Jak devrait prendre un taxi jusque chez lui, où il nous rejoindrait.

Mergim habitait dans le centre, dans un grand appartement, rempli apparemment de membres de sa famille, qui se sont agités autour de moi lorsque Jak m'a présentée à eux. Même s'ils ne parlaient pas anglais, il était clair que chacun avait son opinion à mon sujet et qu'ils en discutaient entre eux. Toute cette attention me mettait mal à l'aise. Aussi, au bout d'un moment, j'ai demandé à Jak si nous pouvions sortir boire un café.

Mergim nous a accompagnés sur la place près de chez lui. Ils semblaient avoir des tas de choses à se raconter, lui et Jak, mais ils ne me laissaient pas entièrement en dehors de la conversation, et, de temps en temps, Jak traduisait pour moi.

— Mon cousin te trouve très jolie, dit-il à un moment. Et il dit que j'ai bien de la chance de t'avoir. Je lui ai dit qu'il avait raison.

J'en ai rougi de fierté. En quelques mois à peine, la malheureuse écolière qu'on harcelait et qui séchait les cours que j'étais allait bientôt démarrer une nouvelle vie en Grèce avec un homme qui l'aimait.

Je croyais avoir toutes les raisons d'être heureuse et optimiste. En y repensant aujourd'hui, je crois que le jour de mon arrivée à Athènes fut l'un des plus tristes de ma vie.

Après avoir bu son café, Mergim passa un coup de fil.

— Il appelle au sujet d'un boulot pour toi, m'expliqua Jak.

— Où ça ? ai-je demandé.

— Je ne sais pas encore. Mais je crois que ce n'est pas loin d'ici.

Quelques minutes plus tard, nous avons quitté le café pour un bar, un peu plus loin, où un homme aux cheveux noirs qui se tenait devant la porte a salué Mergim et Jak d'une poignée de main. Les trois hommes ont discuté quelques minutes, puis Jak s'est tourné vers moi pour m'annoncer :

— Il semblerait que tu sois prise pour le boulot.

— Ne suis-je pas trop jeune pour travailler ici ? Je croyais que ce serait dans un café, ai-je fait remarquer. Ne faut-il pas avoir dix-huit ans, dans ce pays, pour travailler dans un bar ?

— Non, c'est bon, m'a assuré Jak. Il sait quel âge tu as, mais tu as l'air assez vieille ; alors, il n'y a pas de problème. Ne t'inquiète pas.

Cela me semblait étrange comme manière de mener un entretien d'embauche, mais, comme je n'en avais encore jamais passé, je n'avais aucune expérience en la matière. Au moins, on ne m'avait pas rejetée au premier regard.

À l'intérieur, Jak a commandé à boire : un whisky pour lui et pour Mergim, et un Coca pour moi. Il était encore relativement tôt et il n'y avait dans le bar que quatre hommes et deux filles qui dansaient seins nus sur une petite scène en bois au centre de la pièce. Personne ne semblait faire attention aux autres.

Cela devait faire une petite demi-heure que nous étions là, lorsqu'est entré un homme qui est venu s'asseoir avec nous. Il parlait très bien anglais et, après avoir commandé une nouvelle tournée, il s'est présenté à moi comme le gérant.

Puis il m'a posé des questions, me demandant notamment, ce qui m'a paru bizarre, si j'aimais danser.

— Oui, ai-je répondu en me rappelant pendant un instant, presque avec mélancolie, les chorégraphies qu'on inventait, une amie et moi, et qu'on répétait chez elle, dans le jardin, quand nous étions petites. Mais je n'ai jamais dansé comme… ça.

J'ai lancé un regard aux deux filles aux seins nus et senti le rouge me monter aux joues.

— Oh ! c'est facile ! a déclaré le gérant. Et ne t'inquiète pas, tu n'auras pas à faire ce qu'elles font. Ce sera plus simple, pour toi.

Que voulait-il dire par là ? Quoi qu'il en soit, il n'était pas question que je danse à moitié nue dans un bar. La seule perspective de le faire tout habillée me rendait malade de honte.

— Écoute, la place est pour toi, si tu la veux, a repris le gérant. Je vous laisse en discuter tous les trois.

— Jamais je ne pourrai danser en public, ai-je confié à Jak dès qu'il fut parti.

— Tu seras géniale, a-t-il affirmé, comme si c'était déjà acquis. Tu n'as pas à t'en faire : elles te montreront. Tout ira bien. Tu es très belle.

Je savais ce qu'était le pole-dancing, évidemment. Je n'y voyais absolument aucun « mal », je trouvais simplement que c'était bizarre, mais je n'associais cela en aucune manière au sexe. Parfois, je me demande comment on peut être aussi naïf à presque quinze ans.

Je pouvais me montrer têtue quand j'avais décidé quelque chose, d'où mes nombreuses disputes avec maman avant notre départ d'Angleterre. Pourtant, en réalité, je n'avais aucune confiance en moi. Et, comme il n'était pas question de me disputer avec

Jak ou Mergim pour informer ensuite le gérant du bar que je ne prenais pas le boulot, j'ai accepté.

— Tu n'auras pas à le faire bien longtemps, a ajouté Jak posément. Tu vas te faire tellement d'argent qu'on aura de quoi payer l'opération de ma mère en un rien de temps.

Tout à coup, je me suis senti l'âme d'une héroïne et je me suis dit que tout se passerait bien.

Le lendemain matin, Jak m'a raccompagnée au bar et laissée avec les deux filles – une Russe et une Africaine – qui devaient m'apprendre à danser de manière très différente de ce que je faisais avec mon amie en Angleterre ! Les deux filles semblaient très sûres d'elles, mais je me suis demandé, plus tard, si elles ne jouaient pas la comédie, comme j'allais apprendre à le faire.

Le soir même, j'ai dansé dans un coin peu éclairé du bar, vêtue de lingerie fine, certes, mais au moins cette tenue couvrait mes seins.

Au bout de quelques minutes seulement, une autre fille a pris ma place. Du coup, même si ce numéro restait très gênant, c'était bref et cela aurait pu être pire.

Le lendemain, lorsque Jak m'a de nouveau déposée au bar, le gérant a dit qu'il voulait me parler. Je l'ai suivi derrière le bar, dans un petit bureau où je suis restée debout à me tordre nerveusement les doigts.

— Des clients se sont plaints à cause de toi, hier soir. Ils payent pour voir des filles danser seins nus et, s'ils n'obtiennent pas ce pour quoi ils ont payé, je risque des poursuites pour publicité mensongère. Ce soir, tu vas devoir danser comme les autres.

Vérité ou pas, je me suis sentie immédiatement coupable, comme si j'avais fait quelque chose de mal, de manière délibérée et égoïste. Puis je me suis imaginée debout sur scène, ma pauvre poitrine plate exposée à une salle remplie d'hommes, et j'ai éclaté en larmes.

— Je ne peux pas, ai-je pleurniché. De toute façon, mon copain ne voudra pas.

— Oh ! ne t'inquiète pas pour ça ! Je vais lui parler. Il sera d'accord, je n'ai aucun doute là-dessus.

Il m'a tapoté l'épaule comme s'il pensait me rassurer avec ses propos. La discussion étant manifestement close, j'ai quitté la pièce, avec toutefois le sentiment de m'être fait piéger. J'étais pratiquement sûre que Jak ne supporterait pas que je danse seins nus dans un bar. Ce qui me gênait le plus, cependant, c'était l'idée de l'incroyable humiliation que cela représentait pour moi.

Il s'est avéré que j'avais tort pour Jak. Lorsque je l'ai retrouvé au bar plus tard ce jour-là, il avait déjà parlé avec le gérant et il ne voyait pas d'inconvénient à ce que je danse nue devant une salle pleine d'hommes ivres et libidineux.

— Ce ne sera que pour très peu de temps, m'a-t-il dit pour me consoler. Je ne tiens pas à ce que tu restes là à faire ça. Je vais te trouver un bon boulot ailleurs.

J'ai essayé de me dire que ma réaction était disproportionnée et que, si je regardais un peu plus loin que le bout de mon nez, me déshabiller n'était qu'un tout petit sacrifice à faire pour que la mère de Jak puisse recevoir le traitement nécessaire pour son cancer. Jak ne travaillait plus comme jardinier, désormais, mais il avait fait de nombreuses heures supplémentaires avant qu'on ne vienne à Athènes, pour beaucoup moins d'argent que ce que j'allais gagner.

Et, si j'y réfléchissais bien, comment pouvais-je m'enthousiasmer à l'idée de notre avenir ensemble, si je faisais toutes ces histoires à propos de quelque chose qui nous aiderait à concrétiser nos projets ?

Ce soir-là, Jak est resté au bar à boire du whisky pendant que je dansais seins nus pour des hommes dont j'évitais de croiser le regard. Et quand le gérant m'a remis les quatre-vingts euros que j'avais gagnés, Jak a tendu la main en disant :

— Pourquoi ne pas me les confier ? Je les garderai pour toi.

Désormais, le soir, Jak et Mergim me déposaient au bar, puis ils se rendaient dans un café sur une place voisine pour m'attendre jusqu'à la sortie de mon travail. Lorsqu'ils revenaient me chercher, je remettais à Jak tous mes gains.

Un soir, alors que j'avais gardé un peu d'argent pour acheter quelque chose qui me plaisait, sa colère m'a choquée, jusqu'à ce que, en y réfléchissant, je me rende compte que j'étais égoïste et qu'il était normal qu'il prenne tout puisqu'il devait payer notre nourriture et économiser pour notre avenir.

Néanmoins, c'était de l'argent durement gagné, car je détestais chaque minute passée au bar à danser, et jamais je ne pouvais regarder en face les hommes qui me lorgnaient.

Cela faisait presque deux semaines que je travaillais là, lorsque Jak m'a annoncé :

— On a un entretien demain pour un autre boulot.

— Oh ! génial ! ai-je répondu avec le sentiment de pouvoir enfin reprendre haleine après avoir retenu mon souffle trop longtemps. C'est quoi ?

— Tu verras.

Le lendemain matin, il avait l'air distrait et il m'a à peine parlé. Lorsque je lui ai demandé si quelque chose n'allait pas, il m'a assuré que non. Il n'en est pas moins demeuré aussi peu loquace dans le taxi qui nous a conduits jusqu'à un fast-food au centre-ville.

Jak est passé le premier pour monter au deuxième étage, où le seul autre client était un gros qui nous a fait signe de venir à sa table.

— C'est ton nouveau patron. Il est français et il s'appelle Léon, m'a expliqué Jak tandis qu'on se dirigeait vers lui.

Une fois les présentations faites, Léon a plissé les yeux quelques secondes pour m'examiner de près, puis il a dit quelque chose en grec à Jak. Quelques minutes plus tard, il se penchait en avant pour lui passer quelque chose sous la table. Jak a pris le paquet et l'a glissé dans sa poche. Néanmoins, j'ai eu le temps de voir qu'il s'agissait d'une liasse de billets pliés. Je ne crois pas qu'il m'ait effleuré un instant l'esprit de me demander pourquoi Léon lui remettait de l'argent. Comme je ne comprenais pas le grec, je ne savais pas ce qu'ils s'étaient dit, mais j'avais confiance en Jak. Après tout, il avait eu une vie avant de me connaître.

— Tu sais donc ce qu'on va te demander de faire, n'est-ce pas ? me demanda Léon en anglais. Ça te va ?

Je lançai un coup d'œil à Jak.

— Je t'aime, murmura-t-il. Tout ira bien.

— Oui, ça me va, répondis-je donc.

Je me suis souvent demandé ce qui se serait passé si j'avais demandé : « Si ça me va, quoi ? Quel genre de boulot me proposez-vous ? » Toutefois, je ne posai aucune question. Jak me dit que tout irait bien et je le crus.

Léon s'est levé, il a serré la main à Jak, m'a adressé un hochement de tête, puis il est descendu et a quitté le restaurant. Jak et moi l'avons suivi un peu plus tard, mais nous avons pris un taxi pour un autre quartier du centre.

À presque tous les coins de rue à Athènes, il y a des kiosques qui vendent des journaux et des magazines, des cartes postales, des bonbons, des chocolats, des cigarettes, et même des souvenirs et des vêtements. Lorsque nous sommes descendus du taxi, Jak m'a demandé de l'attendre pendant qu'il se dirigeait vers l'un d'eux. À son retour, il m'a tendu une petite boîte en carton emballée dans un sac en papier, puis m'a indiqué du doigt un immeuble de bureaux sur le trottoir d'en face.

— Monte l'escalier jusqu'au dernier étage, m'a-t-il dit. Frappe à la porte vitrée et donne ça au type qui t'ouvrira.

— Qu'est-ce que c'est ?

— Fais ce qu'on te demande, a-t-il répondu d'un ton sec.

La colère de Jak me prenait toujours au dépourvu et me choquait, mais je n'avais pas vraiment peur de lui. Toutefois, je détestais qu'il soit fâché contre moi.

J'ai pris le paquet et je me suis tournée pour traverser la rue.

— Je t'attends ici ! m'a-t-il lancé dans le dos, de nouveau agréable maintenant que je faisais ce qu'il voulait.

L'hôtesse à l'accueil m'a jeté un coup d'œil lorsque j'ai poussé la porte donnant sur la rue ; puis elle m'a suivie du regard quand j'ai pris l'escalier. Comme je portais des chaussures à bouts pointus et talons aiguilles, mes pieds ont commencé à me faire mal bien avant que j'atteigne le dernier étage, et mes jambes tremblaient. Arrivée en haut des deux dernières volées de marches, j'étais hors d'haleine et, sans savoir vraiment pourquoi, un peu mal à l'aise.

La plaque en laiton apposée sur le mur à côté des portes vitrées, au dernier étage de l'immeuble, annonçait, en anglais et en grec, le bureau d'un avocat. L'homme qui m'a ouvert la porte lorsque j'ai sonné était gras et vieux – du moins pour mes quatorze ans.

En m'arrachant le paquet des mains, il m'a dit, en anglais :

— Entre et reste là.

Si seulement j'avais eu le culot de lui dire que j'avais fait ce qu'on m'avait demandé et que j'allais partir maintenant… Au lieu de cela, j'ai fait une sorte de pas chassé nerveux sur le sol en marbre, sans mot dire.

Lorsqu'il a verrouillé les portes vitrées, j'ai senti brusquement la peur monter en moi. Mais, avant que j'aie le temps de réagir, il a ouvert une autre porte et m'a poussée à l'intérieur.

Au milieu de la petite pièce sans fenêtre dans laquelle il m'avait fait entrer, il y avait un lit à une place et, au pied, une caméra vidéo sur un trépied. Le seul autre meuble dans la pièce était un téléviseur, allumé le son coupé, dans un coin.

J'avais si peur, convaincue que j'étais qu'il allait m'assassiner, que je restai plantée debout à émettre de petits bruits plaintifs, tel un animal battu et soumis.

Lorsque l'homme m'a attrapée par le débardeur pour me basculer sur le lit, j'étais dans un tel état de choc que mon esprit s'est vidé et je crois que je me suis à peine débattue tandis qu'il me retournait sur le dos pour me soulever la jupe, m'arracher la culotte et me prendre de force. La douleur fut atroce, mais j'étais trop traumatisée pour seulement crier.

Lorsqu'il s'est dégagé, j'ai relevé la tête et vu le sang sur le lit. Comme je ne savais pas que c'était normal la première fois qu'on a des rapports, j'ai cru qu'il avait fait pire que me violer. Puis il a recommencé.

Ce n'est qu'après, alors que je me tenais à côté du lit à essayer de remettre ma jupe en place, que j'ai pris conscience des scènes muettes qui se déroulaient à la télévision : il s'agissait d'un horrible film porno, terriblement violent. Puis l'homme a sorti de sa poche une liasse de billets de cinquante euros, qu'il m'a fourrée dans la main en m'ordonnant de filer.

— Dégage, ne cessait-il de répéter avec colère tandis qu'il me poussait vers la sortie (à croire que j'aurais pu avoir la moindre raison de vouloir rester).

Je tenais encore mes chaussures à la main quand j'ai franchi la porte de la petite chambre. Comme mes orteils ont heurté quelque chose qui a glissé sur le sol, j'ai baissé les yeux et vu le paquet que Jak m'avait remis. Maintenant qu'il était sorti du sac en papier et gisait ouvert, je pouvais voir les paquets de préservatifs qu'il contenait.

En redescendant, je dus me cramponner à la rambarde pour ne pas tomber dans l'escalier. Lorsque j'eus traversé la rue pour me jeter dans les bras de Jak, les larmes que j'avais refoulées sous le choc ruisselaient sur mon visage.

— Qu'est-ce qui ne va pas ? a demandé Jak. Tu trembles de tout ton corps. Que s'est-il passé ?

— Il a... Je ne peux pas..., balbutiai-je.

— Attends.

Jak s'est à moitié tourné vers la rue et a levé la main.

— On va prendre un taxi et tu me raconteras ce qui t'a mise dans cet état.

Quelques instants plus tard, nous étions assis à l'arrière d'un taxi, et je lui ai tout raconté tandis qu'on s'engageait dans le flot de la circulation. J'étais beaucoup trop choquée et bouleversée pour songer à la manière dont il allait réagir, mais j'étais loin de m'attendre à un tel calme.

— Je suis sincèrement désolé, dit-il. Mais qu'est-ce qu'on peut y faire ? Ce n'est pas pour toujours.

Je t'aime et tu m'aimes. Bientôt, on aura assez d'argent pour fonder une famille et, alors, on sera ensemble pour toujours.

D'abord, je n'ai pas compris ce qu'il voulait dire. Aucun être sensé n'infligerait l'horrible expérience que je venais de vivre à quelqu'un qu'il n'aimerait pas. Alors, l'idée que Jak puisse savoir ce qui allait m'arriver lorsqu'il m'avait envoyée dans cet immeuble n'avait tout simplement aucun sens. Puis je me suis souvenue des préservatifs et, pendant un instant, ma certitude s'est ébranlée. Mais je savais qu'il devait y avoir une autre explication, parce que Jak m'aimait.

Il ne m'est même pas venu à l'idée qu'il pouvait y avoir un lien entre ce qui venait de m'arriver et l'argent que Léon avait remis à Jak au fast-food. La partie de mon cerveau qui assemble normalement les informations pour leur donner un sens semblait totalement en panne. Ce cauchemar dépassait de si loin tout ce que j'avais pu connaître ou subir jusque-là que c'en était surréaliste. Aussi, lorsque Jak m'a demandé de lui remettre l'argent, je lui ai simplement tendu la liasse de billets que m'avait donnée l'avocat après m'avoir violée.

— Tu vois ! s'est exclamé Jak en feuilletant rapidement du pouce les billets. Déjà, on peut commencer à économiser pour une voiture. Puis on achètera une maison. Et ensuite… Il me caressa le genou sans me regarder. Ensuite, on aura un toit pour nos enfants.

Je ne voyais toujours pas le rapport entre ce qu'il me disait et ce qui m'était arrivé. Puis, soudain, j'ai compris, et tout l'air qui aurait dû affluer dans mes poumons a semblé bloqué par une boule compacte qui s'est formée à l'arrière de ma gorge. Je ne pouvais plus respirer et je pleurais encore, de manière presque hystérique, lorsque le taxi nous a déposés devant chez le cousin de Jak.

— Va prendre une douche, m'a-t-il dit dès que nous fûmes rentrés. Ensuite, on sortira manger quelque chose.

— Je n'ai pas faim. Je ne veux rien manger. Je veux te parler. Et parler à ma mère.

En prononçant ces mots, le fait de parler à ma mère devint la seule chose au monde qui comptait pour moi.

— Va déjà te doucher, a répété Jak. Ensuite, on réglera tout ça.

Mes vêtements puaient la transpiration de l'homme qui m'avait volé ma virginité. Non, pas « volé », songeai-je tristement, un sanglot étranglé dans la gorge, « acheté ». J'ignore combien de temps je suis restée sous la douche. Je m'efforçais d'éliminer toute trace de l'avocat sur ma peau, lorsque j'ai entendu Jak m'appeler.

— J'arrive dans une minute, ai-je répondu, car je savais que, peu importait le temps que je resterais sous la douche, aucune quantité de savon ni d'eau ne parviendrait à me rendre propre.

Jak a emprunté la moto de son cousin, et nous avons traversé toute la ville, puis nous sommes descendus par un sentier jusqu'à une plage avant de remonter dans les collines. Après s'être arrêté et avoir éteint le moteur, Jak m'a pris la main.

— Je t'aime, m'a-t-il dit, les yeux plongés dans les miens.

Cependant, cette fois, je me suis détournée.

— Je ne peux pas faire ce que tu me demandes, ai-je affirmé. Il y a d'autres moyens de gagner de l'argent. Ça nous prendra peut-être plus longtemps pour économiser la somme dont on a besoin, mais ce n'est pas grave, hein ?

Pendant que je parlais, l'expression sur son visage s'est changée en une froide indifférence et j'ai senti mon ventre se nouer.

— Il faut que je parle à ma mère. S'il te plaît, Jak, laisse-moi lui téléphoner. Je ne peux pas faire… ça. Il doit bien y avoir une autre solution.

— Non, il n'y en a pas d'autres. Bon sang, Megan, tu vas arrêter de faire tant d'histoires ? Je t'ai dit que je t'aime et que tout ira bien. C'est quoi, ton problème ?

C'était comme si tout le dégoût de moi-même et la peur que j'éprouvais se hérissaient en une boule de rage.

— Je veux parler à ma mère ! ai-je explosé. Je ne ferai pas ça. Je n'arrive pas à croire que tu me demandes une chose pareille.

Ce que Jak a alors fait m'a tellement prise au dépourvu que je n'aurais pas eu le temps de réagir même si j'avais compris ce qu'il allait faire. D'un bond, il s'est levé, m'a attrapée par les cheveux, m'a jetée par terre et s'est mis à me rouer de coups de pied. D'instinct, je me suis roulée en boule et j'ai essayé de me protéger le visage avec mes bras, et il a continué de me frapper dans le dos avec une telle force que j'ai cru que toutes mes vertèbres allaient céder. Pendant tout ce temps, il n'a cessé de me hurler dessus en albanais. Puis il s'est penché pour ramasser une pierre qu'il a lancée sur moi ; ensuite, il a craché sur mon corps prostré, enfourché sa moto et il est parti en me laissant sur le chemin en état de choc, physique et mental.

Le bruit du moteur s'était déjà éloigné quand j'ai tenté de me relever. Le moindre geste m'arrachait une grimace de douleur. Néanmoins, j'ai réussi à ramper jusqu'à un rocher pour me hisser et m'asseoir.

— Je t'en prie, reviens, sanglotai-je dans le silence. Pardon, Jak. S'il te plaît, ne me laisse pas seule ici. Je t'en prie, je voudrais que tout redevienne comme avant.

Toutefois, ce que je voulais vraiment, plus que Jak, c'était ma mère.

5

Je n'avais ni téléphone, ni argent, ni personne vers qui me tourner pour demander de l'aide à part Jak. Aussi, tout le temps où je suis restée assise sur ce rocher, environ une ou deux heures, je n'arrêtais pas de me dire qu'il allait revenir. La nuit tombait et il commençait à faire froid lorsque j'ai entendu le bruit d'une moto au loin. Je me suis convaincue que c'était Jak et non un inconnu qui allait me trouver seule dans le noir.

J'étais tellement soulagée quand il a surgi du virage que je lui aurais pardonné même s'il n'avait pas cessé de répéter qu'il était navré et qu'il m'aimait.

— Ce n'est rien, assurai-je une dizaine de fois.

Et je croyais sincèrement être responsable de ce qui s'était passé.

Malgré ses apparents remords, cet incident marqua un changement d'attitude chez Jak à mon égard. Avec le recul, j'imagine que cela faisait partie de sa méthode pour me briser. Brusquement, il me semblait que rien n'allait chez moi : les vêtements que je portais, mon allure, ma façon de me coiffer, les choses que je disais. J'ai commencé à craindre de le mécontenter, en partie parce que je redoutais d'être de nouveau agressée physiquement, mais aussi parce que je croyais que, si je n'arrêtais pas de tout faire de travers, il me quitterait.

En réalité, je devenais dépendante de lui, tant sur le plan matériel que sur le plan affectif. Aussi faisais-je tout ce qu'il me disait ou presque.

Lorsque, quand j'étais petite, sa relation avec John avait commencé à se dégrader, ma mère s'était laissé submerger par ses propres problèmes.

Au début de mon adolescence, je me disputais avec elle à propos de choses sans importance, parce que j'étais persuadée qu'elle ne se préoccupait absolument pas de moi. Comme beaucoup d'enfants dans ce genre de situation, j'imagine, je croyais que c'était ma faute si mon père nous avait quittées et qu'il ne m'aimait pas.

Or, j'avais la même impression dans ma relation avec Jak : je croyais que, lorsqu'il était en colère contre moi, c'était parce que je n'étais pas assez bien.

Deux jours après le viol, nous avons déménagé à l'hôtel, et j'ai commencé à travailler comme escort-girl. Pendant les six mois suivants, nous avons déménagé d'un hôtel miteux à un autre, et tous les jours je couchais avec entre six et huit hommes. Jak me déposait toujours en taxi chez le client ou à son hôtel.

Puis il m'attendait dans un café pour m'accompagner au rendez-vous suivant. Je portais les vêtements qu'il achetait pour moi et je couchais avec les hommes qu'il me désignait.

Le moins qu'on puisse dire, c'est que je détestais cela. Je ne sais pas pourquoi je me laissais faire sans discuter. Je crois que c'était peut-être parce que cette partie de moi qui aurait pu se rebeller avait déjà commencé à s'étioler, et elle a continué à se réduire comme une peau de chagrin jusqu'à totalement disparaître.

Ce n'est qu'après mes débuts d'escort-girl que Jak et moi avons fait l'amour pour la première fois. Il ne m'a pas forcée, mais je n'ai pas aimé. Peut-être le fait de me prostituer m'empêchait-il d'apprécier le sexe, même avec l'homme que je croyais encore aimer. Après cette première fois, il voulait coucher avec moi matin et soir, même lorsqu'il était fâché contre moi.

Dans la journée, c'était la routine ; le soir, en revanche, je ne savais jamais de quelle humeur serait Jak. Parfois, il commandait des plats à emporter, et nous dînions ensemble dans notre lugubre chambre d'hôtel en regardant un film à la télévision.

Dans ces moments-là, si je fermais mon esprit à ce que j'avais fait dans la journée, je me sentais presque bien. Néanmoins, le plus souvent, il se mettait en colère sans raison et me frappait.

Il lui arrivait aussi de m'humilier et de m'embarrasser en public. Un jour, par exemple, alors que nous prenions un café à l'extérieur, j'ai dit quelque chose qui l'a fâché. Sans prévenir, il s'est levé, a failli renverser la table, m'a versé un pichet d'eau sur la tête, puis il m'a craché dessus avant de partir en me laissant toute seule au milieu de tous les regards.

Je détestais aussi la manière dont il rabaissait ma mère. Il ne savait rien d'elle, et pourtant il insistait toujours sur le fait « qu'aucune mère albanaise ne se comporterait comme elle ». C'était quand même gonflé de la part de quelqu'un dont la mère, comme je le soupçonne aujourd'hui, n'avait pas les mains si propres que cela ou qui était au moins au courant des activités criminelles de son fils. Mais je n'en savais rien à l'époque. Cela me dérangeait simplement qu'il parle ainsi parce que j'aimais sincèrement ma mère. Pire, presque, que ses critiques, il disait parfois que ma mère était sexy et, même si je le suppliais en pleurant d'arrêter, il entamait la description détaillée de tout ce qu'il aimerait lui faire.

Chaque fois que je lui disais à quel point cela m'ennuyait qu'il parle ainsi de ma mère, il se contentait de rire. Je me rends compte aujourd'hui, évidemment, que ce n'était ni par insensibilité ni pour être simplement désagréable.

Tout ce que Jak disait sur ma mère était calculé et parfaitement délibéré, car son but était de s'insinuer entre nous. S'il parvenait à nous séparer – tant sur le plan affectif que physique –, je serais entièrement à sa merci, et donc beaucoup plus facile à contrôler et à manipuler.

Je travaillais comme escort-girl depuis quelques semaines lorsque j'ai commencé à me sentir malade. Comme je vomissais régulièrement, Jak a fini par me conduire à l'hôpital, où le scanner a révélé une grossesse de dix semaines. J'étais aux anges, surtout que Jak semblait très content, lui aussi.

Dès que nous sommes sortis de l'hôpital, j'ai appelé ma mère et, même si j'entendais bien que la nouvelle ne la réjouissait pas plus que cela, j'étais soulagée qu'elle n'évoque pas la possibilité d'un avortement, comme je m'y attendais à moitié. À mes yeux, ce n'était pas un problème de tomber enceinte à quatorze ans. Au contraire, à vrai dire, car cela voulait dire que je pourrais cesser le boulot d'escort-girl, et Jak et moi allions vivre heureux et avoir beaucoup d'enfants.

Certes, j'avais deux clients réguliers qui n'utilisaient pas de préservatifs, mais seul Jak éjaculait en moi. Le bébé ne pouvait donc être que le sien. Quelques semaines plus tôt seulement, ma mère était la seule personne au monde à s'intéresser à moi. Maintenant, j'avais Jak et, bientôt, j'aurais un bébé que je pourrais aimer et dont je pourrais prendre soin et qui m'aimerait aussi.

Ce soir-là, Jak a appelé sa mère et, après lui avoir parlé, il m'a annoncé :

— Ma mère dit que tu ne devrais pas garder le bébé. Elle pense que c'est trop tôt et que ça gâcherait tout.

La bulle de bonheur que je n'avais pas quittée de la journée venait d'éclater, et j'étais anéantie. Je ne voyais pas du tout ce que sa mère imaginait qu'un bébé puisse gâcher (mais, à l'époque, j'ignorais totalement ce que Jak avait en tête pour mon avenir). Lorsque je lui ai dit que l'idée m'était insupportable que sa mère ait seulement pu suggérer que je me fasse avorter, nous nous sommes violemment disputés, et il est sorti en claquant la porte, me laissant assise en pleurs sur le lit.

À son retour, une ou deux heures plus tard, nous avons mangé quelque chose, regardé la télévision, puis nous nous sommes couchés sans échanger plus de quelques mots. Comme, depuis le début des nausées, j'avais du mal à dormir, cela faisait plusieurs nuits que je m'installais sur un matelas gonflable par terre.

Je m'y allongeai de nouveau ce soir-là, et, lorsque Jak fut au lit, nous nous remîmes à parler. Je lui confiai que j'avais cru que la perspective d'avoir un bébé nous comblerait de joie, puis je tentai de lui expliquer pourquoi j'étais aussi bouleversée par les propos de sa mère. Je crois que c'est là que la dispute a recommencé.

Or, je n'en pouvais plus. Je me suis donc levée pour le rejoindre en le suppliant :

— Je t'en prie, Jak, arrêtons de nous disputer.

Puis je me suis penchée pour l'embrasser, juste au moment où son pied a surgi sous les draps, et il m'a décoché un coup d'une telle force dans le ventre que je suis tombée à la renverse et j'ai glissé sur le carrelage de l'autre côté de la pièce.

Pendant un instant, je suis restée là, affalée contre le mur, sous le choc et sidérée. Puis la douleur a surgi, quelque part au fond de mon ventre d'abord, avant de se répandre dans tout mon corps. J'étais encore appuyée contre le mur à sangloter quand Jak s'est tourné de l'autre côté pour s'endormir.

Le lendemain matin, j'ai pris peur, car je commençais à perdre des caillots de sang. Jak m'a emmenée à la pharmacie pour m'acheter des antalgiques pour règles douloureuses.

Durant les quinze jours suivants, malgré mes douleurs presque constantes, jamais il n'a proposé de nous rendre à l'hôpital, et je n'ai pas osé le réclamer.

Je ne me rendais pas compte que je faisais une fausse couche. Lorsque j'ai compris que j'avais perdu le bébé, mon monde s'est écroulé. En fait, c'était une chance, en tout cas pour l'enfant, car Dieu sait ce qu'il serait arrivé s'il avait vu le jour.

Ce n'est que longtemps après que je me suis autorisée à accepter le fait que Jak ne s'était pas déchaîné sur moi dans un accès de colère irréfléchi. Je n'avais peut-être aucune idée de ce qu'était un avortement ou une fausse couche ni de ce qu'aurait impliqué le fait d'avoir un bébé dans ma situation, mais, je m'en rends compte aujourd'hui, Jak, si. Et il savait exactement ce qu'il faisait. Après cela, il se passait rarement un jour sans qu'il me gifle, me cogne la tête ou me traîne par les cheveux à travers la pièce.

Mais il veillait toujours à ne laisser aucune marque que quelqu'un d'autre puisse voir sur mon corps. Et jamais il ne m'a donné un autre coup de pied dans le ventre.

Plus il prenait le contrôle de ma vie, dans le moindre de ses aspects, plus j'apprenais à le craindre. Il se mettait dans des rages, souvent sous couvert de jalousie, qui me semblaient très bizarres compte tenu des circonstances, même si je perdais peu à peu mes repères. Parfois, il me posait des questions sur l'un des hommes qui avaient payé dans la journée pour coucher avec moi.

— Raconte-moi ce que tu as fait avec lui. Allez, je t'écoute, insistait-il. Ça t'a plu, hein ?

J'aurais voulu hurler que je détestais cela et que je ne supportais même pas d'en parler, mais, si je ne répondais pas à ses questions, il se fâchait encore plus. Alors, je lui décrivais les horreurs perverses qu'on m'avait fait subir, puis Jak couchait avec moi à son tour.

Et, bien que cela fût aussi un supplice que je devais faire semblant d'apprécier, je l'aimais toujours, aussi ridicule que cela puisse paraître aujourd'hui.

Parfois, il me déposait chez les clients, mais le plus souvent je les retrouvais dans des chambres d'hôtel. Heureusement, la plupart des hommes se contentaient de « rapports normaux » et, une fois qu'ils en avaient terminé, ils se montraient presque aussi empressés que moi de partir. Certains recherchaient simplement de la compagnie, d'autres voulaient faire des choses dont je n'aurais jamais eu idée avant.

Parmi mes clients réguliers se trouvait un homme d'affaires, un certain Andreas, qui possédait une belle maison dans un riche quartier d'Athènes. Comme, en général, il me prenait une heure, Jak me déposait, puis allait m'attendre dans un café sur une place voisine. Andreas n'avait jamais envie de sexe. Parfois, il se faisait livrer à manger, et on s'asseyait devant la télé ; parfois, il voulait bavarder avec moi (il parlait couramment anglais) de politique et de tous les autres sujets qui l'intéressaient. Il devait souffrir de solitude, mais il était gentil et enjoué, de sorte que je m'entendais bien avec lui et que je me rendais volontiers chez lui.

Malgré la personne de confiance que semblait être Andreas, je me méfiais de ce que je lui confiais, au cas où il le répéterait à Jak. Néanmoins, il était au courant que Jak était mon petit ami et que nous allions nous faire construire une maison et fonder une famille. Je ne connaissais pas le fonctionnement de la prostitution ; en fait, je ne savais même pas qu'il y avait un système ou que j'en faisais partie.

Aussi expliquai-je à Andreas que j'étais une « prostituée volontaire », que je travaillais à mon compte. Du coup, il me donnait toujours cinquante euros de plus quand je partais, que je remettais toujours aussitôt à Jak.

Un jour, Andreas m'a déclaré qu'il souhaiterait pouvoir me voir sans passer par Léon ou Jak.

— Je ne peux pas faire ça, dis-je. Je perdrais mon boulot. Et, de toute manière, j'aime Jak.

— En tout cas, si l'occasion se présente, insista-t-il, si, un jour, tu es seule, viens me voir.

Il m'a noté son numéro de téléphone sur un bout de papier que j'ai roulé en une minuscule boule avant de quitter sa maison pour la glisser au fond de mon sac à main en priant pour que Jak ne la trouve jamais.

À l'extrémité opposée, il se trouvait parmi mes clients de l'époque un fétichiste porté sur la flagellation. Après le premier rendez-vous avec lui, j'ai supplié Jak de ne pas m'obliger à le revoir, mais le type payait mille euros de l'heure. Lorsqu'il est devenu un client régulier, je le voyais au moins une fois tous les quinze jours, toujours dans le même hôtel du centre-ville, où les chambres se louaient à l'heure.

Il était équipé d'un grand sac, comme ceux qu'on utilise pour aller au gymnase, à part que celui-là était rempli de fouets et de cravaches. Parfois, il me fouettait si fort que ma peau me semblait en feu, et le moindre centimètre de mon dos se couvrait de zébrures qui enflaient et saignaient. Il filmait, grâce à une caméra vidéo toujours prête sur un trépied, et, quand je criais et le suppliais d'arrêter, il me répondait de la fermer.

Outre la flagellation, il était porté sur la sodomie, ce qui était aussi terriblement douloureux. Lorsqu'il avait terminé, il me tirait hors du lit.

— À genoux, et ouvre la bouche, ordonnait-il.

Puis il m'urinait sur le visage. Je m'efforçais toujours de garder la bouche fermée, ce qui n'était pas facile, car, en général, je pleurais, et il se mettait en colère contre moi.

— La prochaine fois, tu avales ! hurlait-il.

Quand on a un peu d'estime de soi, on ne laisse personne vous traiter ainsi. Mais j'avais déjà l'impression d'être si nulle que j'étais presque persuadée que je méritais d'être avilie et humiliée. Comme lui aussi parlait bien anglais, j'essayais de discuter avec lui. J'avais dans l'idée qu'il aurait un peu de compassion pour moi, si je parvenais à lui faire comprendre que j'étais plus qu'un sujet à filmer. Je ne poussais toutefois pas le bouchon trop loin, de peur de l'importuner et de m'attirer des ennuis avec Jak. Je n'avais pourtant aucun souci à me faire, car il n'écoutait pas, de toute façon : il ne payait pas des sommes pareilles pour m'écouter parler. Cependant, au bout d'un moment, il cessa de m'uriner sur le visage et ne me fouetta plus aussi fort.

La dernière fois que je l'ai vu, Jak venait de me faire une scène pas possible. À cause d'une gastro qui me rendait vraiment malade, j'avais dit que je ne me sentais pas assez bien pour sortir ce jour-là. Jak avait piqué une crise et hurlé :

— Quelle excuse à la noix ! Tout ça à cause d'un petit mal de ventre. Je ne sais pas si le pire, avec toi, c'est ta faiblesse ou ta stupidité. Tu ne penses donc jamais qu'à toi ? Tu vas y aller. J'ai besoin de l'argent.

Même si j'avais maintenant peur de Jak, je continuais parfois à lui répondre. Ce qui m'en donnait le courage, je crois, c'était le fait que je m'accrochais encore à l'idée qu'on formait un couple et que toutes les horreurs innommables que je faisais étaient pour notre avenir.

Alors peut-être avait-il raison, du moins, en ce qui concernait ma stupidité. Le plus vexant, toutefois, c'était qu'il dise que l'argent lui était nécessaire à lui, et non à « nous », même si j'avais assez de bon sens pour savoir qu'il valait mieux ne pas en faire tout un plat. Alors, je m'étais habillée, maquillée et j'étais allée avec lui en taxi à l'hôtel de passe.

J'avais pleuré en silence pendant tout le trajet et, lorsque j'avais frappé à la porte de la chambre, je devais avoir piètre mine. Assise sur le lit, je m'efforçais de sauver mon maquillage, lorsqu'il m'a demandé :

— Qu'est-ce qui ne va pas ? Il s'est passé quelque chose ? Raconte-moi.

Sa voix semblait teintée d'une sincère compassion, et je me sentais vraiment déprimée. Aussi m'expliquai-je :

— Je ne sais pas trop quoi penser de ce travail. Coucher avec tous ces hommes, c'est... Ça ne correspond pas à ce que je suis.

C'était pitoyable, surtout au vu de ce dont il était question. Mais j'ignorais comment décrire les choses autrement. Jamais je n'aurais seulement imaginé que quelqu'un puisse faire ce que je faisais. Alors, comment trouver les mots pour exprimer les sentiments que cela suscitait en moi ?

L'homme s'est assis sur le lit à côté de moi et a commencé à me poser des questions. Avec combien d'hommes couchais-je tous les jours ? Combien d'argent touchais-je ? Je lui expliquai que je ne touchais pas d'argent du tout.

— Mon copain le garde. Mais il paye toute la nourriture, et le reste, m'empressai-je d'ajouter, ne voulant admettre, ni face à lui ni pour moi, la possibilité que Jak puisse être animé de mauvaises intentions.

Cela paraît fou maintenant de penser que j'aie pu me confier dans cette chambre d'hôtel à un homme qui payait mille euros de l'heure pour se filmer en train de me fouetter et de me sodomiser. J'avais touché le fond (ou du moins le croyais-je, car j'ignorais encore que le pire restait à venir) et il me semblait qu'il valait mieux lui parler que de ne pouvoir rien révéler à personne. Et il avait l'air de m'écouter. Aussi, lorsqu'il a commencé à évoquer toutes les personnes importantes et influentes qu'il connaissait dans le milieu du cinéma international, je me suis prise à rêver qu'il allait me proposer de l'aide.

— Tu sais quoi ? a-t-il dit brusquement en se baissant vers son sac pour en sortir une arme. Je ne sais plus combien de fois j'ai regardé cette arme en pensant à en finir pour de bon.

Il la retournait dans ses mains.

— C'est ce que tu ressens aujourd'hui ? Tu as envie d'en finir avec tout ça ?

Une veine se mit à battre sur ma tempe, et je sentis le goût du vomi dans ma bouche. Néanmoins, je me forçai à continuer de respirer.

— C'est bien ce que tu ressens ? a-t-il insisté.

Comme je ne répondais toujours pas, il a changé de ton.

— Je te pose une question, s'est-il énervé. Réponds !

— Oui, je crois que je me sens un peu comme ça, ai-je murmuré. Mais jamais je ne ferai ça.

— Tiens, prends le flingue, a-t-il repris très calmement. Allez, vas-y.

Il me le posa dans la main.

— Il est chargé.

— Non, s'il vous plaît, je ne...

Mon cœur battait à tout rompre. J'ai voulu lui rendre l'arme, mais il a refusé de la reprendre.

Tout à coup, il s'est levé et a hurlé.

— Colle-le-toi sur la tempe ! Personne ne devrait avoir à vivre comme ça. Pose cette arme contre ta tête, appuie sur la détente, et tout sera terminé.

Au contact du métal froid sur ma peau, j'ai crié.

— Chut, tout ira bien. Vas-y.

Et j'ai appuyé sur la détente.

Avant ce jour, j'aurais catégoriquement affirmé que je n'étais pas du genre à vouloir me suicider..., si tant est que ce genre existe. Peut-être parce que, dans un éclair d'illumination, j'ai compris ce qu'était réellement ma vie avec Jak et su que, malgré tout ce que je me racontais, en réalité, je n'avais personne.

Dans cette fraction de seconde où j'ai tenu l'arme contre ma tête, consciente de rien si ce n'est la voix de cet homme qui m'expliquait combien il était simple de mettre fin à la vie pitoyable que je menais, je crois que j'ai perdu pied avec la réalité.

On dit que les gens qui se suicident sont poussés à l'acte par « des troubles de l'équilibre mental ». Peut-être parfois le font-ils lors d'un bref instant de lucidité, durant lequel ils discernent là la seule issue pour eux.

En ce qui me concerne, ce n'était toutefois qu'un accès de folie passagère ; alors, heureusement que l'arme n'était pas chargée et que je ne me suis pas fait sauter la cervelle dans cette chambre d'hôtel de passe à Athènes.

Après avoir appuyé sur la détente, j'ai laissé tomber l'arme par terre. Pendant que j'étais encore assise sur le lit, sous le choc, l'homme s'est baissé pour la ramasser.

— Tu allais vraiment le faire, hein ? s'est-il esclaffé. Ça va si mal que ça ? Dans ce cas, je ne te verrai plus. Manifestement, tu as de sacrés problèmes à régler.

Bien que je n'en aie pris conscience que beaucoup plus tard, nombre de mes rendez-vous étaient organisés par Léon, le Français que j'avais rencontré au fast-food et qui partageait mes gains avec Jak. Durant quelques jours, j'ai attendu en le redoutant le moment où Jak découvrirait que le fétichiste qui avait assez d'argent à dépenser pour s'offrir la compagnie de jeunes filles avait décidé de se dispenser de mes services.

Pour une raison que j'ignore, la question n'est jamais venue sur le tapis, et jamais Jak n'a mentionné de nouveau le nom de ce client devant moi.

Le fait d'échapper à la violente raclée que j'attendais de sa part n'a en rien atténué la marque indélébile que cet incident a imprimée en moi. Je n'arrêtais pas de repenser au fait que j'avais failli me suicider, et je me suis mise à avoir des flash-back et des cauchemars. Il m'arrivait souvent de me réveiller en nage après avoir rêvé du déclic de l'arme vide.

L'idée que l'on puisse faire à quelqu'un ce que cet homme m'avait fait me dépassait. Il ne me connaissait pas et n'avait aucune raison de ne pas m'aimer. Cependant, il avait raison sur un point : j'avais manifestement des « problèmes à régler ». J'ai commencé à me dire que je n'étais pas normale, d'autant plus que personne de normal, à moins de vouloir mourir – ce qui n'était pas mon cas – ne se pointerait une arme sur la tête ni n'appuierait sur la détente, même sous la contrainte.

J'étais déjà profondément malheureuse et perdue avant ; après, plus rien n'avait de sens pour moi. Je n'arrêtais pas de penser qu'au moins Jak était avec moi. Mais, si c'était vrai, pourquoi ce gros trou noir de solitude que je sentais en moi ne cessait-il de grandir tous les jours ? En réalité, la seule personne au monde qui s'inquiétait un tant soit peu de moi était ma mère, et je commençais à me demander si je la reverrais un jour.

En fait, peu après cette tentative de suicide involontaire, ma mère est revenue vivre en Grèce avec Nikos, l'homme qui possédait le bar où j'avais fait la connaissance de Jak. Pendant qu'elle était en Angleterre, Jak m'avait laissée l'appeler de temps en temps avec son téléphone.

— Dis-lui que tu travailles comme serveuse, disait-il. Et aussi que tu es très heureuse.

Je mentis donc à maman :

— Je m'amuse bien. Et je gagne bien. Avec Jak, j'économise pour faire construire. On a des tas de projets pour l'avenir.

En prononçant ces mots, j'imaginais parfaitement la maison dans ma tête, et à quel point maman et Nikos seraient impressionnés lorsqu'ils nous y rendraient visite et verraient comme je me débrouillais.

— Tant que tu es heureuse et que Jak s'occupe bien de toi…, répondit-elle.

— Oh ! il est aux petits soins ! assurai-je en fermant les yeux un instant pour avaler le nœud qui me serrait la gorge.

À son retour en Grèce, je disposais d'un téléphone bon marché que Jak m'avait acheté pour pouvoir l'appeler à la fin de mes rendez-vous ; or, il me laissait aussi l'utiliser pour envoyer des textos et parler à ma mère.

Je n'avais toutefois le droit d'en communiquer le numéro à personne d'autre. De toute façon, je ne vois pas à qui j'aurais pu le donner. Jak vérifiait le téléphone tous les jours, par mesure de sécurité, et il lisait tous les messages que nous nous échangions, maman et moi : *Ça va ? Je t'aime J'ai hâte de te voir.*

Il n'avait pas l'air de s'inquiéter du fait que je puisse lui dire la vérité au téléphone. Je suppose qu'il s'en remettait à son pouvoir de manipulation, et peut-être à ma naïveté aussi. Par ailleurs, il veillait à entretenir ma peur de Léon en me répétant notamment qu'il valait mieux ne rien tenter qui risquerait de le fâcher, car « crois-moi, il le découvrirait, tu sais ». C'était peut-être vrai, ou peut-être était-ce seulement un bon moyen de dissimuler le fait que c'était de lui que j'aurais dû me méfier.

6

Un jour, alors que cela faisait quelques mois que nous étions à Athènes, Jak a reçu un appel téléphonique d'un ami albanais qui vivait en Italie.

— Il y a un paquet d'argent à se faire là-bas, m'expliqua-t-il ensuite. Edi suggère qu'on le rejoigne un moment pour essayer.

J'eus beau répondre que je ne voulais pas y aller, Jak avait déjà pris sa décision.

Je ne m'interrogeai pas vraiment sur ce qu'impliquait le fait que Jak avait un ami qui connaissait tout des réseaux de prostitution en Italie. Je crois que j'avais renoncé à essayer de comprendre pourquoi il m'arrivait ce qu'il m'arrivait.

Si j'y avais réfléchi – ou si je m'étais demandé comment il connaissait des gens comme Léon –, j'en aurais peut-être conclu qu'avant même de me rencontrer, Jak n'était pas lui-même novice en la matière et qu'il ne m'avait pas entraînée là par hasard.

Un jour ou deux plus tard, Edi est venu nous attendre au ferry, en Italie, et, le soir même, nous prenions sa voiture pour aller voir l'endroit où j'allais travailler. Comme je maîtrisais désormais quelques rudiments de grec, je comprenais plus ou moins comment les choses fonctionnaient en Grèce. Certes, je redoutais d'avoir à tout recommencer dans un pays dont je ne parlais ni ne comprenais la langue, mais je ne m'attendais certainement pas à devoir racoler dans la rue.

— Je ne veux pas faire le trottoir, déclarai-je à Jak et Edi, d'une voix angoissée. Je ne pourrais pas être escort-girl ?

Moi qui, quelques semaines auparavant, étais horrifiée et terrifiée à cette idée, voilà que je considérais le fait d'être escort-girl comme le moindre de deux maux.

— Tout ira bien, assura Edi comme s'il consolait un enfant qui pleure pour rien.

Il m'arrivait (comme cette fois) d'avoir l'impression de m'être fait piéger dans la vie de quelqu'un d'autre. J'étais comme un personnage de cinéma pris pour un autre qui décide, pour les raisons de l'intrigue, de se plier au jeu et de prétendre être réellement cette personne.

On me prenait à tort pour une prostituée, mais toute la vérité finirait par éclater au grand jour, à condition que je n'oublie pas qui j'étais réellement.

Le problème, malheureusement, c'est que Jak semblait avoir totalement oublié que je n'en étais pas une, et, parfois, cela m'amenait à douter de ma véritable personnalité. En l'occurrence, il me semblait que le problème ne serait que renforcé par le fait d'avoir à faire le pied de grue au coin d'une rue en attendant d'être ramassée par le premier venu.

Ce soir-là, Edi remonta une longue rue à peine éclairée le long de laquelle des dizaines de filles et de transsexuels étaient déjà en place, prêts à affronter la nuit de travail qui les attendait. Il a arrêté la voiture un peu après l'endroit où se tenait la dernière fille, juste après le rayon de lumière projeté par le dernier réverbère.

— C'est là que tu t'installeras demain soir. On sera garés là-bas, expliqua-t-il le doigt pointé quelque part vers l'obscurité, de l'autre côté de la route. On pourra te surveiller et on suivra toutes les voitures dans lesquelles tu monteras.

— Je n'y arriverai pas, ai-je murmuré, mais ni lui ni Jak n'ont semblé m'entendre.

Le lendemain matin, les deux hommes m'ont emmenée acheter une minijupe, un dos nu très court et une paire de chaussures à hauts talons aiguilles. Cette tenue vulgaire, qui correspondait tout à fait à l'image qu'on se fait de la profession, était très différente des vêtements presque enfantins et en tout cas beaucoup moins tape-à-l'œil que Jak m'achetait auparavant.

À la tombée du jour, je me suis coiffée et maquillée, Jak m'a appliqué du gel brillant sur tout le corps, puis Edi nous a de nouveau conduits dans la rue, où les prostituées se rassemblaient déjà.

Avant de me déposer, Edi a ralenti près de deux gros arbres séparés par une parcelle d'herbe en face de « mon coin », de l'autre côté de la route.

— C'est là qu'on sera garés, a-t-il déclaré. Tant que tu restes là où je t'ai montré, on pourra te voir d'ici. Tu seras en parfaite sécurité.

Rien de ce que je m'apprêtais à faire ne m'assurerait une « parfaite sécurité ». Même quelqu'un d'aussi naïf et apparemment aussi enclin à se mentir à lui-même que moi pouvait le voir. Une fois de plus, je ne sais pas pourquoi je n'ai pas simplement refusé.

Lors de ma thérapie, il y a quelque temps, le psychologue m'a parlé de comportement acquis, de dépendance et d'autres éléments complexes permettant aux trafiquants d'identifier certaines personnes comme des victimes potentielles. Si on ajoute à tous ces facteurs la peur de la violence, j'imagine qu'on peut parvenir à une sorte d'explication.

Je ne parlais pas un mot d'italien, mais Edi m'avait indiqué quoi dire, et, pendant que j'arpentais le bord de la route, tremblante et nauséeuse, je répétais les mots inconnus dans ma tête.

Lorsque la première voiture s'est arrêtée à côté de moi, j'ai dû parvenir à formuler quelque chose de compréhensible, puisque, quelques secondes plus tard, j'étais assise sur le siège passager, à prier en silence que Jak et Edi m'aient vue monter en voiture et nous suivent. Tandis que le type poursuivait sa route à la recherche d'un endroit où s'arrêter, je m'efforçais de ne pas céder à l'envie de me retourner pour voir s'ils étaient là. Puis j'ai aperçu la voiture d'Edi dans le rétroviseur latéral. J'en aurais pleuré de soulagement.

Ce premier client voulait une fellation, comme la plupart des autres d'ailleurs. Je détestais cela. Mais, au moins, c'était rapide, et, quelques minutes plus tard, j'étais de nouveau sur le bord de la route à attendre dans le froid et le noir que quelqu'un passe me prendre.

Pendant deux semaines, je me suis fait entre deux mille et deux mille cinq cents euros la nuit. Jak et Edi passaient à intervalles réguliers récolter l'argent (afin d'éviter que je ne me fasse agresser, disaient-ils). Le reste du temps, comme promis, ils me surveillaient à distance. Heureusement, personne n'a jamais tenté de me faire du mal. Peut-être était-il dissuasif que je dise toujours, dès que je montais en voiture, qu'on nous suivait pour veiller à ma sécurité. Il n'en demeurait pas moins que chaque nouvelle rencontre présentait un risque.

Un matin, alors que je finissais mon travail au petit jour, Jak et Edi sont passés me prendre comme d'habitude, et nous nous sommes arrêtés à la station-service pour faire le plein. Edi venait de se réinstaller au volant, lorsqu'une voiture de police s'est garée derrière nous. L'un des deux policiers à bord a fait le tour de notre véhicule pour frapper au carreau du conducteur.

— Tu ne parles pas. Tu ne dis rien, m'a ordonné Jak par-dessus son épaule.

L'un des deux policiers a fait descendre Edi et Jak de voiture, puis il leur a demandé leurs papiers. Je me tenais bien tranquille, dans l'espoir qu'il ne remarque pas ma présence sur la banquette arrière, mais, pendant qu'il vérifiait leurs papiers, son collègue m'a braqué sa torche en pleine figure en éclairant l'intérieur du véhicule. J'ai fermé les yeux et détourné la tête de la lumière aveuglante. Lorsque je les ai rouverts, l'autre policier rendait leurs papiers à Jak et à Edi.

— Vous pouvez y aller. Mais qu'on ne vous revoie plus ici. La prochaine fois, on vous arrête. Compris ? a-t-il déclaré en anglais.

Le lendemain, Jak m'a annoncé que nous partions.

— C'est trop risqué ici, a-t-il dit, et on ne gagne pas plus qu'à Athènes.

Une ou deux heures plus tard, nous reprenions le ferry en sens inverse.

Je ne connaissais rien aux lois sur la prostitution à l'époque, mais, bien que cette activité soit légale en Italie, la prostitution organisée sous contrôle d'un tiers ne l'est pas. En Grèce, en revanche, tout est plus ou moins légal – les bordels, le trottoir, le proxénétisme –, mais pas pour les moins de vingt et un ans, ce qui était mon cas.

Quelques jours après notre retour d'Italie, Jak a de nouveau eu rendez-vous avec Léon, et je l'ai accompagné dans un fast-food dans un quartier différent de la ville. Il y avait un autre homme avec le Français cette fois, un Roumain qu'il m'a présenté sous le nom d'Elek. J'ai bu un café pendant que les trois hommes discutaient dans une langue que je ne connaissais pas. Puis Léon s'est tourné vers moi.

— On est en train de parler d'une séance de sodomie un peu particulière pour toi ce soir, m'a-t-il expliqué.

J'ai lancé un coup d'œil inquiet à Jak, qui a haussé les épaules.

— Je sais que tu détestes la sodomie, mais c'est un vieux qui a du mal à bander, de toute façon. Alors, ce ne sera pas douloureux et...

— Et il paie deux mille euros, l'interrompit Léon. Alors, pas de bêtises.

Il a fait craquer ses articulations, puis a consulté sa montre.

— Je crois qu'on a juste le temps pour un autre café, a-t-il ajouté.

L'argent n'irait pas dans ma poche, de toute façon ; alors, il était curieux que le fait de le mentionner me mette la pression. C'était déjà un peu ce que j'avais ressenti lorsque j'avais volé dans un magasin en Angleterre ; je n'avais pas envie de le faire, mais quand mon amie m'avait dit : « Allez, vas-y, dépêche-toi », j'avais eu l'impression de ne pas avoir le choix. Pour les trois hommes, la question était déjà réglée. Puis il m'est venu à l'esprit, avec une répugnante clarté, qu'ils devaient me cacher quelque chose : deux mille euros, c'était beaucoup d'argent pour une sodomie, quel que fût l'état de la virilité du vieil homme. Même le type aux fouets qui filmait et possédait une arme n'en payait que mille. Je voulais dire à Jak que j'avais peur.

— Combien de temps dois-je rester ? ai-je demandé, au lieu de le supplier de ne pas me forcer en voyant le froid avertissement dans son regard.

— Comme d'habitude : une heure environ, peut-être moins, a répondu Léon avec un haussement d'épaules.

— Ne t'inquiète pas, a repris Elek sur un ton plus gentil. Tout ira bien. Tu parles grec ?

— Un peu, ai-je répondu.

En fait, à ma grande surprise, j'avais rapidement appris en quelques mois à Athènes, surtout que rares étaient ceux parmi les gens avec lesquels j'étais en contact qui prenaient la peine de me parler.

— Dans ce cas, veille à ce que personne ne s'en rende compte ce soir, a déclaré Elek. Pour ce type, tu es une touriste anglaise venue en Grèce pour la première fois. C'est ce que tu dois dire si on te pose des questions, d'accord ?

Après avoir bu son café, Elek s'est de nouveau tourné vers moi.

— Je vais prendre la place de Léon quelque temps. C'est moi qui te trouverai tes boulots à partir de maintenant, et je me réunirai de temps en temps avec toi et Jak.

Il a pris mon téléphone et y a ajouté son numéro.

— D'ailleurs, c'est moi qui t'emmène à ce rendez-vous aujourd'hui.

Quelques minutes plus tard, j'étais assise à l'arrière de sa moto, en route vers un rendez-vous que je redoutais encore plus que les précédents.

Elek s'est arrêté devant un immeuble dans un quartier de la ville habité par nombre de riches banquiers, hommes politiques et hauts responsables du gouvernement.

— Alors, voilà comment ça va se passer, commença-t-il. À l'intérieur, une femme va venir t'accueillir. Elle te mettra un bandeau sur les yeux et...

Soudain, j'ai compris pourquoi l'homme était prêt à payer une telle somme : la seule explication possible était que j'allais être assassinée.

— Je ne veux pas y aller, gémis-je.

— Comment ça ?

Le ton précédemment amical d'Elek avait cédé la place à une brusque colère.

— Tu n'as plus le choix. Tu ne peux pas changer d'avis comme ça. Ce sont des gens importants, tu sais ; ils n'ont pas de temps à perdre.

Il a sorti son téléphone et composé un numéro.

— On est là, au portail, a-t-il annoncé en anglais.

L'une des caméras de sécurité situées au-dessus des grilles en fer forgé a effectué un mouvement presque imperceptible, puis la porte a émis un vrombissement, et Elek l'a poussée pour l'ouvrir.

— Ne t'inquiète pas, a-t-il repris. Tout se passera bien. Appelle-moi quand tu seras prête à partir, je viendrai te chercher.

Juste au moment où je mettais le pied dans la cour, son téléphone a sonné. Il a rattrapé la porte de la main et m'a demandé de l'attendre le temps qu'il réponde.

— Je vais devoir t'accompagner, a-t-il annoncé après avoir écouté un instant.

La femme aux cheveux gris coupés court et à la mine revêche qui nous attendait à l'intérieur de l'immeuble a remis à Elek une épaisse enveloppe, qu'il a glissée dans la poche intérieure de sa veste.

Puis il a tourné les talons et il est reparti. Je savais qu'il s'agissait des deux mille euros.

Mais pourquoi payer Elek d'avance ? En général, les clients me remettaient l'argent, quand j'étais escort-girl. Cela me semblait une preuve supplémentaire qu'il allait m'arriver quelque chose de terrible, quelque chose qui m'empêcherait de pouvoir repartir moi-même avec l'argent.

Il me vint à l'esprit de crier. Il devait bien y avoir des gens dans certains appartements qui m'entendraient et qui ouvriraient leur porte, au moins pour voir ce qui se passait. Néanmoins, sans savoir vraiment pourquoi, le fait que l'argent ait déjà changé de mains me donna à penser que ce n'était pas envisageable.

Une fois Elek parti, la femme a sorti une bande de tissu de la poche de sa robe et m'a fait signe de me tourner. Puis elle m'a placé un bandeau sur les yeux qu'elle m'a attaché derrière la tête. Je tremblais.

— Pourquoi faites-vous ça ? Pourquoi dois-je porter un bandeau ? commençai-je à pleurer.

— Parce que cet homme est quelqu'un de connu, répondit-elle en anglais, avec un fort accent. Tu ne dois pas le voir.

Pendant un instant, un étrange sentiment de calme m'envahit, comme si mon esprit avait renoncé et simplement accepté le fait que, s'ils avaient vraiment l'intention de me tuer, je n'y pouvais plus rien. Cependant, cela ne dura pas. Je ne suis pas du genre à être frappée de mutisme par la peur. La panique me rend volubile, et je sanglotais fort tandis que la femme serrait le bandeau et vérifiait que je n'y voyais rien. Puis elle me prit par le bras et me conduisit le long d'un couloir en marbre.

— Arrête de crier ! Tais-toi ! Ça suffit, maintenant ! me tançait-elle sévèrement.

Lorsque je trébuchai, elle claqua la langue d'irritation, puis me passa un bras autour de la taille pour me soutenir.

— Je vous en prie, dites-moi ce qui va m'arriver, sanglotai-je. Vous allez me tuer, c'est ça ? S'il vous plaît, dites-le-moi. Il faut que je sache. Je suis Anglaise et je veux juste rentrer chez moi.

— Personne ne va te tuer ! s'esclaffa la femme. Mais, si tu ne la boucles pas, il te dira de partir, et tu auras des problèmes, lâcha-t-elle avec dédain.

J'ai compris que nous avions dû pénétrer dans une pièce, car le bruit de nos pas avait changé, et, quand la femme a dit quelque chose en grec, une voix d'homme a répondu. Soudain, je me suis mise à crier :

— Non ! Je n'ai pas à faire ça. Vous allez me faire du mal. Ils ont dit que je n'étais pas obligée.

Comme ma panique virait à l'hystérie, j'étais prête à dire n'importe quoi, à raconter n'importe quel mensonge pour les empêcher de faire ce que je savais qu'ils allaient faire.

— Calme-toi.

La voix de la femme était posée et plus douce que précédemment.

— Tout va bien. Ne t'inquiète pas. Enlève juste ta jupe et ta culotte.

Toujours en pleurs, je commençais à me déshabiller quand des bruits derrière moi m'ont figée. On aurait dit qu'on ouvrait et refermait un tiroir, puis je reconnus un bruit de métal entrechoqué.

La peur, tel un poids m'oppressant la poitrine, chassait tout l'air de mes poumons et me bloquait la gorge, de telle sorte que je n'arrivais plus à avaler.

Je luttais encore pour respirer quand je fus poussée la tête la première sur le lit.

— C'est bon ? Je le prépare ? demanda la femme, en grec.

— Préparer quoi ? hurlai-je en oubliant les recommandations d'Elek de ne pas révéler que je comprenais ou parlais cette langue.

Pendant un instant, personne n'a rien dit ; puis une voix d'homme a demandé :

— Tu parles grec ?

Comme je ne répondais pas, il a reposé la question, en anglais cette fois.

— Non, ai-je dit. Non, je… Je connais juste un mot ou deux.

Puis me vint ma première idée cohérente : s'il était si important pour eux que je ne parle pas grec, peut-être pouvais-je m'en servir pour essayer de sauver ma peau. Alors, je me suis mise à crier :

— Oui, je parle grec. Je comprends tout ce que vous dites. Alors, vous feriez mieux de ne pas me faire de mal.

Mais mon attitude de défi fut de courte durée.

— Je vous en prie, ne me faites pas de mal, suppliai-je en larmes.

— On ne va pas te faire de mal, affirma l'homme.

Puis, il s'adressa de nouveau à la femme en grec.

— Que faire, maintenant ?

— Et si on lui retirait le bandeau ? suggéra-t-elle. Peut-être que cela la calmerait…

— Non ! fit l'homme sur un ton catégorique. Certainement pas ! Je ne fais pas confiance à cette fille.

— Tout va bien. Je vais juste te faire un lavement, m'annonça la femme en espérant me calmer, je crois.

En fait, ses mots eurent l'effet inverse, et je me mis à hurler.

— Comment ça ? Qu'est-ce que vous faites ?

D'une certaine manière, mieux aurait valu ne rien demander, car ce qu'elle me décrivit ressemblait à une sorte d'irrigation du côlon à l'aide d'un tuyau et d'une pompe. C'était horrible, mais la peur est épuisante et j'en étais arrivée au point de simplement vouloir en finir au plus vite.

Avant qu'il ne parle, j'avais déjà senti la présence de l'homme derrière moi.

— Je ne bande pas très dur, déclara-t-il. Et je jouis très vite. Alors, tu n'auras pas mal.

Bien au contraire, le temps qu'il en finisse, je le suppliai d'arrêter en pleurant.

Quelques minutes plus tard, la femme me reconduisit dans le long couloir en marbre. Après m'avoir retiré le bandeau, elle a appuyé sur un bouton pour ouvrir le portail et me laisser sortir.

Dans la rue éclaboussée de soleil, je me suis sentie désorientée, comme lorsqu'on sort du cinéma après avoir vu un film dans la journée. J'étais inquiète aussi que l'homme raconte à Elek que j'avais fait des histoires, car, s'il en informait Jak à son tour, j'aurais de gros ennuis.

Durant quelques jours, je m'attendis à ce que Jak se fâche contre moi, mais jamais cela ne se produisit – du moins, pas au sujet du riche amateur de sodomie qui souhaitait rester anonyme. Peut-être, s'il était si connu en Grèce, cet homme préférait-il ne pas faire tout un plat de ce qui s'était passé, au risque de mécontenter ceux qui lui fournissaient des étrangères pour satisfaire ses curieux appétits sexuels.

Je travaillais sept jours sur sept et assurais entre huit et douze passes par jour, qui pouvaient durer de quelques minutes à une heure. Jak et moi nous levions à six heures chaque matin et, à neuf heures au plus tard, nous avions quitté l'hôtel.

Il me conduisait à tous mes rendez-vous, chez les clients ou à leur bureau, puis me ramenait à l'hôtel. C'était devenu la routine sans que je comprenne comment ni pourquoi. Quand on souffre d'un manque d'estime et de confiance en soi, on a tendance à accepter la valeur que les autres vous accordent, et il ne m'effleurait pas l'esprit que je méritais peut-être mieux.

L'un de mes clients réguliers était opticien. En général, il fermait boutique lorsque Jak me déposait. Lorsqu'il lui arrivait d'avoir encore un client à servir, il s'adressait à moi comme si j'étais une autre cliente.

— Bonjour. Je suis à vous dans quelques minutes, si vous voulez bien patienter, disait-il avec naturel.

Alors, je m'asseyais pour l'attendre, gênée, car je me demandais si la personne qui essayait des montures pour ses nouvelles lunettes savait pourquoi j'étais là en réalité. Une fois le client parti, l'opticien fermait boutique, il baissait le rideau et il me conduisait soit dans une minuscule pièce à l'arrière, soit dans un appartement vide à deux pas.

L'opticien faisait partie des rares hommes qui ne mettaient pas de préservatif. Je redoutais cela, mais Jak m'affirmait qu'il n'y avait pas de problème parce que lui et Léon (et plus tard Elek) vérifiaient toujours le carnet de santé de mes clients et s'assuraient qu'ils n'avaient rien. Même si je choisissais de le croire, malgré le fait que je savais que les rapports non protégés coûtaient plus cher à mes clients, cela m'ennuyait.

Un jour, j'étais dans la boutique avec l'opticien, lorsque sa femme et ses enfants sont arrivés. Comme le rideau était baissé, elle ne pouvait pas nous voir. Néanmoins, j'étais certaine qu'elle savait que nous étions là, car elle n'arrêtait pas de sonner. C'était horrible. Je me sentais très mal, comme si ce qui se passait était ma faute et non celle de l'homme qui trompait sa femme avec une prostituée. J'ai eu peur aussi et, par la suite, j'ai toujours redouté d'aller là-bas.

Il y avait des tas de choses que j'ignorais sur le sexe avant de venir en Grèce. Notamment qu'il existe des hommes qui tirent leur plaisir de la souffrance qu'ils infligent aux femmes. J'en ai croisé un certain nombre là-bas, ainsi que d'autres qui m'effrayaient pour d'autres raisons.

Un jour, Jak m'a conduite pour un rendez-vous dans une vieille maison en ruine, légèrement à l'écart de ses voisines, au bout d'une rue sombre. Lorsqu'il m'a déposée, je lui ai fait part de mon appréhension.

— Cet endroit ne me dit rien qui vaille, ai-je dit.

— Écoute, tu as ton téléphone, a-t-il répondu. Au moindre signe de danger, tu peux m'appeler en numérotation rapide et j'arrive aussitôt. Je ne serai pas loin. Je vais t'attendre dans un café juste au coin.

Peut-être que le fait de lui être reconnaissante de ces quelques mots de réconfort montre à quel point ma vision de ce qui était normal était altérée. Malgré ses paroles rassurantes, néanmoins, j'étais très mal à l'aise en remontant le chemin jusqu'à la sonnette, manifestement installée sur une porte d'entrée métallique. Le type qui a ouvert avait dans les quarante-cinq ans, le cheveu gras, les vêtements tachés et les ongles longs et sales.

Lorsqu'il m'a fait entrer dans une pièce qui empestait le vomi et la sueur, j'ai dû me forcer pour m'asseoir sur le canapé râpé et crasseux. Puis il s'est planté devant moi, l'air goguenard, en faisant d'étranges mouvements convulsifs de la tête. Je sentais comme une nuée de minuscules insectes me ramper sous la peau.

Il me répugnait tellement que je commençais déjà à glisser la main, très lentement, vers la poche dans laquelle je rangeais mon mobile, quand deux terribles choses se sont produites presque en même temps.

La première fut de me rappeler brusquement que j'avais transféré mon téléphone dans mon sac à main en quittant l'hôtel avec Jak. La seconde fut de remarquer une hache posée contre le mur à quelques mètres de l'endroit où se tenait l'homme.

— Je suis désolée, ai-je dit en grec. J'ai... je crois que je suis malade. Alors... je vais repartir.

Tout en parlant, j'ai ouvert mon sac pour chercher mon téléphone, discrètement, mais à l'aveuglette.

— Mon copain m'attend dehors. Je vais lui téléphoner pour lui dire que je pars de chez vous.

J'avais beau essayer d'avoir l'air sûre de moi, il a dû déceler la panique dans ma voix. Il m'a lancé un regard vide, comme si, pendant une seconde, il essayait de se souvenir qui j'étais et ce que je faisais chez lui. Puis, très fort et en anglais, il s'est écrié :

— Non ! Tu ne bouges pas.

Le son de sa voix me fit presque l'effet d'un coup de poing et j'éclatai en larmes.

— Je vous en prie, ne me faites pas de mal, le suppliai-je comme une petite fille. Je sais que vous allez me faire du mal. S'il vous plaît, non.

— Je vais te faire du mal, a-t-il répété plusieurs fois, très lentement, comme s'il retournait ces mots dans sa tête.

— Qu'est-ce que vous allez me faire ? ai-je murmuré.

Je ne voulais pas réellement savoir, mais une sorte d'instinct me poussait à essayer de le faire parler. Je crois que j'espérais ainsi qu'il me voie comme un être humain, ou peut-être essayais-je simplement de gagner du temps. Bêtement, toutefois, mes yeux se sont reportés sur la hache. L'homme a jeté un coup d'œil dans la même direction pour voir ce que je regardais, puis, d'un geste prompt, a ramassé l'outil et m'a appuyé la lame couverte de boue séchée sur la gorge.

Au contact du métal froid sur ma peau, j'ai vomi. L'homme a lâché la hache à ses pieds et a éclaté de rire. Profitant de la distraction, j'ai plongé la main dans mon sac, sorti mon téléphone et appuyé sur le numéro abrégé de Jak. Par chance, il a répondu presque aussitôt et, dès que j'ai entendu sa voix, j'ai lâché malgré moi :

— Je ne peux pas. Il faut que je parte d'ici tout de suite.

— Ah ! mais non, tu n'iras nulle part ! m'a lancé l'homme avec un regard lubrique et un large sourire dévoilant toutes ses dents mal alignées et tachées de nicotine. Je plaisantais.

Mon sac serré sur la poitrine tel un bouclier, d'un bond, j'ai couru jusqu'à la porte. Je me débattais encore pour l'ouvrir quand j'ai senti son bras glisser le long de ma taille. Quand j'ai voulu crier, aucun son n'est sorti de ma bouche. Puis, à travers le brouillard aveuglant de ma panique, j'ai compris qu'il m'ouvrait la porte pour me laisser partir.

Le cœur battant, j'ai regagné la rue, où j'espérais trouver Jak déjà là à m'attendre, mais il n'y avait aucun signe de lui. Je l'ai rappelé, tout en jetant des regards inquiets autour de moi, car je m'attendais toujours à voir surgir l'homme derrière moi.

Mais il ne m'a pas suivie. Quelques minutes plus tard, j'étais assise derrière Jak sur la moto et je pleurais en silence en songeant à ma mère, qui me manquait terriblement.

Je croyais que Jak me témoignerait un peu de compassion après l'épreuve horrible que je venais de traverser. Aussi fus-je totalement désarçonnée lorsque, une fois la porte de notre chambre d'hôtel refermée, il s'est mis à me hurler après parce que j'avais « foiré un boulot aussi peu compliqué ».

— Mais ce type avait une hache ! rétorquai-je, furieuse et blessée par sa réaction. Je croyais que tu serais soulagé qu'il ne me soit rien arrivé, finalement.

Le premier coup de poing m'a littéralement soulevée du sol et projetée à l'autre bout de la pièce. J'étais par terre, assommée et sous le choc, lorsque Jak m'a saisie par les cheveux pour me remettre debout, puis m'a cogné la tête à plusieurs reprises contre le mur.

Ensuite, il m'a glissé ses doigts entre les dents et soulevée du sol en me griffant le palais avec ses ongles. J'ai eu l'impression que l'intérieur de ma bouche enflait brusquement, me bloquait la gorge et m'empêchait de respirer.

La douleur était atroce, et je sentais le goût métallique du sang. Jamais je ne l'avais vu dans une telle rage. Alors que je suffoquais, il a continué de me frapper et, à chaque coup, ma tête heurtait le mur. Lorsqu'il a fini par me lâcher, la pièce s'est assombrie autour de moi, et je me suis affalée à ses pieds.

Je crois que j'ai dû perdre connaissance pendant un instant, car, la dernière chose dont je me souviens, c'est Jak criant au téléphone :

— Au secours ! Aidez-moi. Je crois que je l'ai tuée.

Quand j'ai rouvert les yeux, Jak et l'Albanais à qui appartenait l'hôtel étaient penchés sur moi.

Entre-temps, Jak m'avait appris assez d'albanais pour que je comprenne ce que disaient les deux hommes, mais, de toute façon, à leur voix, il était évident qu'ils avaient du mal à ne pas céder à la panique. L'hôtelier jurait et répétait, furieux :

— Espèce d'idiot ! Qu'est-ce que tu lui as fait ?

Je crois que c'est lui qui a glissé un bras sous mon corps pour me soulever la tête et les épaules du sol, puis il m'a enfoncé deux gros doigts rugueux dans la gorge. Pendant un instant, la douleur a été si intense que j'ai cru que j'allais m'évanouir. Puis tout mon corps s'est convulsé et j'ai vomi pour la deuxième fois ce soir-là.

Pendant un ou deux jours, Jak m'a fait rester au lit, mais je n'avais guère besoin d'être poussée, en fait. J'avais l'intérieur de la bouche si enflé et douloureux que je pouvais à peine avaler, et un mal de tête incessant, presque littéralement aveuglant. Quand Jak venait s'asseoir à côté de moi pour me faire manger ma soupe, il s'excusait de ce qu'il avait fait.

— Parfois, je n'arrive plus à contrôler ma colère, m'expliqua-t-il. Tu sais que ma famille a toujours été pauvre : c'est de là que vient ma rage. Ça me met en colère de savoir que mes parents n'ont rien. Et, parfois, c'est toi qui prends. Mais ça n'arrivera plus, promis.

À part quelques bleus autour de la bouche, je n'avais pratiquement aucune marque visible sur le corps. Ce n'est cependant que beaucoup plus tard que j'ai compris que ce n'était pas par hasard.

Même si Jak ne manqua pas de se montrer physiquement violent avec moi par la suite, jamais il ne reperdit le contrôle, bien que souvent près de le faire, et il fit toujours très attention à ne me blesser nulle part qui soit visible par quelqu'un d'autre.

Cette fois, comme chacune d'après, il parvint néanmoins à me convaincre que jamais cela ne se reproduirait. Et cette fois, comme chacune d'après, je le crus. Si je me laissais amadouer par ses remords, c'est sans doute en partie parce que je l'avais vu paniquer au moment où il avait cru m'avoir vraiment amochée.

À tort, je prenais sa réaction pour du souci à mon égard, au lieu de me rendre compte que la seule chose qui lui importait était sa propre personne. Ce n'est que très longtemps plus tard que j'ai accepté l'idée que ce qui avait paniqué Jak (et l'hôtelier), ce jour-là, lorsqu'il croyait m'avoir tuée, c'était la perspective d'avoir à se débarrasser de mon corps sans que personne ne découvre son crime.

Cela faisait environ six mois que je vivais à Athènes avec Jak. Je ne crois pas que mes profs ou le policier qui m'avait prise en flagrant délit de vol à l'étalage, en Angleterre, auraient reconnu en la jeune fille timide et émaciée, aux cernes sous les yeux et l'air en transe que j'étais devenue, l'adolescente têtue et insolente qu'ils avaient en face d'eux moins d'un an plus tôt.

La seule émotion forte que j'éprouvais encore était la peur, et encore, même cela semblait commencer à se dissiper.

Sans en être consciente, j'avais fini par accepter le fait que je n'avais plus aucun contrôle sur ma vie. D'une certaine manière, cela rendait les choses moins compliquées, parce que, si je ne pouvais vraiment plus rien faire pour changer le cours des choses, cela ne valait pas la peine d'essayer – et la moindre tentative aurait requis une énergie physique et mentale dont je ne disposais tout bonnement plus.

Ce que je faisais nécessitait que je me concentre sur la séparation du corps et de l'esprit. D'instinct, je savais que c'était pour moi le seul moyen de survivre aux assauts réguliers de pervers que la dépravation rendait incapables de compassion envers moi, ou même de me considérer comme un être humain.

Au fil du temps, l'idée de mourir devenait de moins en moins effrayante aussi : cela ne me paraissait pas si grave, puisque je menais une vie qui ne pouvait pas être pire. Du moins, c'est ce que je croyais à l'époque. Mais j'avais tort. J'étais loin de me douter de ce qui m'attendait.

7

Quand j'étais en Angleterre, chaque mois, je redoutais l'arrivée de mes règles. Mes menstruations duraient toujours au moins une semaine et elles étaient très douloureuses. En Grèce, c'était si terrible que Jak me donnait même congé. J'attendais cette période avec impatience, car, alors, nous faisions ensemble ce que font les couples normaux (sauf que, lorsque nous faisions les magasins, seul Jak s'achetait des vêtements et souvent des bijoux en or). Il avait beaucoup d'argent à dépenser, car, le reste du mois, je gagnais plus de mille euros par jour, sans compter les pourboires, que je lui remettais aussi. Il n'était pas question d'essayer de lui cacher quoi que ce soit, car il vérifiait mon téléphone et fouillait mon sac régulièrement.

Je croyais Jak lorsqu'il me racontait qu'il avait grandi dans la pauvreté ; alors, même si je gagnais de l'argent en faisant quelque chose dont j'avais horreur, j'étais contente lorsqu'il s'achetait des vêtements coûteux. Il me répétait souvent :

— Un jour, on mangera la meilleure viande. Un jour, on sera riches.

Et cela me faisait plaisir de le voir content. J'en éprouve beaucoup de tristesse quand j'y repense aujourd'hui.

Les jours où j'étais indisposée, nous allions aussi au café et au fast-food. Je n'avais de l'argent dans mes mains que le temps de sortir de chez le client ou de sa chambre d'hôtel ; ensuite, je le remettais à Jak. Par conséquent, il payait tout, ce que j'interprétais comme une preuve d'amour de sa part. (On voit des signes partout quand on le veut vraiment.)

Au bout de quelque temps en Grèce, mes règles sont devenues beaucoup moins douloureuses, mais je n'en ai rien dit à Jak. J'ai continué de prétendre qu'elles étaient toujours aussi terribles. D'ailleurs, j'en exagérais même parfois l'intensité et la durée simplement pour ne pas perdre le bénéfice de ces précieux jours de congé.

Après ma fuite de chez l'homme à la hache et ma dérouillée, Jak se montra souvent violent envers moi. Étonnamment peut-être, je tentais parfois de lui tenir tête. De temps à autre, lorsqu'il me hurlait après, je répondais en criant à mon tour, et nous nous disputions très fort.

Ce n'était pas du courage de ma part. Je crois que je n'étais motivée que par le fait que je n'arrivais pas à me résoudre à accepter l'idée que nous n'étions pas « en couple » : si je l'avais admis, plus rien dans ma vie n'aurait valu la peine de continuer à vivre.

Si Jak piquait une crise alors que nous étions sortis, parfois il partait en m'abandonnant dans la rue. Comme je n'avais pas d'argent, je ne pouvais pas prendre de taxi, et il arrivait que je doive effectuer un long trajet à pied pour rentrer à l'hôtel où nous logions à ce moment-là. Le plus curieux, j'imagine, c'est que je rentrais toujours. Mais Jak et Léon me mettaient souvent en garde contre ce qui se produirait si jamais je me rendais à la police, et, comme je n'avais aucune raison de ne pas les croire, je n'envisageais même pas la possibilité de m'enfuir. Je suppose que, comme souvent avec un partenaire violent, notre relation était fondée en partie sur la peur, en partie sur la conviction que, s'il me frappait, c'était ma faute.

Certes, il ne semble pas logique de ne pas quitter un homme dès la première fois qu'il lève la main sur vous, ou de rester avec quelqu'un qui vous force à faire ce que je faisais. Or, je croyais sincèrement être responsable chaque fois que Jak était en colère, et, aussi absurde que cela puisse paraître, je l'aimais toujours.

Ce dont je ne me rendais pas compte à l'époque, c'était qu'aucune des réactions de Jak n'était sincère ni spontanée. Sa colère, ses larmes de regret ou d'apitoiement sur son propre sort, ses compliments et son apparente affection n'étaient que du vent. Il n'avait pas un tempérament explosif, comme il le prétendait toujours ; il était froid, calculateur et très habile.

Tous ses dires et ses gestes faisaient partie d'un processus délibéré pour déformer mon sens des réalités et me laver le cerveau. Déjà qu'avant de partir à Athènes, quand je m'attirais des ennuis et séchais l'école, j'ignorais qui j'étais vraiment ou qui je voulais être. Après quelques mois seulement passés avec Jak, la réponse semblait être : personne.

Jak ne contrôlait pas seulement l'argent, mais le moindre aspect de ma vie. Parfois, lorsque nous faisions les magasins pour lui, il m'achetait des vêtements bon marché. Jamais il ne m'achetait des jupes courtes ou des hauts dénudés, ni rien de ce qu'on imagine une prostituée porter ; il choisissait toujours des tenues pour fillette. Tous les jours, il sélectionnait ce qu'il souhaitait que je porte et parfois il me demandait de me faire des couettes. Je crois qu'il me vendait souvent comme une petite fille, encore plus jeune que je n'étais.

Certains clients avaient leur propre idée de la manière dont une écolière devait s'habiller, et je devais enfiler les vêtements qu'ils m'apportaient, notamment des uniformes scolaires avec des jupes très courtes, des chaussettes et des talons hauts.

Un certain Thanos, totalement obsédé par le porno (juste les trucs « normaux », heureusement, rien de vraiment horrible), me réservait chaque semaine pendant quatre ou cinq heures, toujours dans une chambre d'hôtel. Il me prenait en photo dans des tenues en cuir, d'extravagantes culottes munies de fermetures à glissière ou, le plus souvent, nue dans toutes sortes de poses pornographiques. Il était très poli, mais il était évident, dès notre première rencontre, qu'il avait quelque chose de bizarre.

Se prenant pour une sorte de metteur en scène ultra-tatillon, il me donnait des instructions précises sur la manière de m'allonger et de positionner les bras et les jambes, puis il ajustait le tout à maintes reprises en me faisant déplacer d'un centimètre dans un sens, puis l'autre, jusqu'à ce que tout lui convienne dans le moindre détail et, enfin, il prenait sa photo.

Parfois, il m'attachait, prenait ses photos, puis couchait avec moi. Être photographiée était déjà assez humiliant, surtout pour quelqu'un d'aussi timide que moi, mais le sexe, c'était pire : cela durait des heures et c'était toujours si douloureux que je pleurais chaque fois. Je m'efforçais de faire en sorte qu'il s'en aperçoive, parce que je voulais qu'il sache qu'il me faisait mal, mais il s'en moquait éperdument ; il ne se souciait absolument pas de moi. C'était horrible. Quel genre de personne faut-il être pour prendre plaisir à faire souffrir quelqu'un qui est manifestement en détresse ? Cela me hérisse encore maintenant. J'ai croisé quantité d'hommes comme ce Thanos. Je n'arrive toujours pas à comprendre comment ils peuvent évoluer dans le monde normal alors qu'il est si évident que ce sont des détraqués.

Un soir, alors que nous étions à Athènes depuis environ six mois, Jak m'a annoncé qu'il rentrait le lendemain. Comme je ne pouvais jamais prévoir ses réactions, je gardai mon excitation pour moi, même si j'avais envie de lui sauter au cou et de l'embrasser.

— Comment ça ? demandai-je. On retourne sur la côte, chez tes parents ?

— Moi, je rentre, oui. Mais toi, tu restes.

Ce fut comme un coup de poing. Au cours des six derniers mois, j'avais tout perdu, à part Jak ; et maintenant, j'allais le perdre, lui aussi. Il ne m'est même pas venu à l'esprit de discuter ou de dire que je ne voulais plus me prostituer. Mon premier souci fut d'ordre pratique : qui me déposerait chez les clients ou à l'hôtel si Jak n'était plus là pour le faire ? Qui m'attendrait quelque part pas loin pour le cas où j'aurais besoin d'aide ? Devrais-je m'occuper de tout toute seule ? Qui se chargerait de l'argent ?

— Combien de temps tu pars ? demandai-je finalement. Qu'est-ce que je vais devenir ?

— Tout ira bien. Elek s'occupera de toi.

Le lendemain matin, comme je pleurais au moment du départ, Jak m'assura :

— Je vais revenir. En attendant, je t'appellerai au téléphone. Et n'oublie pas ce que je t'ai dit pour l'argent : tu donnes la moitié de tout ce que tu gagnes à Elek et, une fois par semaine, tu m'envoies le reste par la Western Union. Putain, arrête de pleurnicher une seconde et écoute-moi. Tu comprends ce que je te dis ? C'est vraiment important.

— Oui, je comprends, ce qui était faux, car je croyais qu'il allait épargner l'argent que je lui enverrais pour notre avenir ensemble.

Certaines adolescentes ont la tête sur les épaules, confiance en elles, elles sont raisonnables et équilibrées sur le plan affectif ; d'autres sont naïves, crédules, facilement effrayées et en demande sur le plan affectif. Les jeunes filles qui tombent dans la deuxième de ces deux grandes catégories sont celles qui sont victimes des trafiquants et des sollicitations à des fins sexuelles sur Internet, et qui se fourrent dans le même genre de galère que moi. Ce sont elles qu'on peut tyranniser et contraindre à faire des choses qui les marqueront pour le reste de leur vie.

Ce sont elles qu'on peut persuader que tout ou presque est leur faute, et qu'elles ne « sont pas assez bien » à tous points de vue. Alors qu'à la vérité, ceux qui font commerce d'autres êtres humains sont des gens habiles, manipulateurs, intéressés, totalement dépourvus de sentiments normaux, et ils n'ont aucune compassion pour leurs « marchandises ». Les gens comme Jak ne font rien par hasard : ils gèrent des affaires, et c'est la seule chose qui sous-tend la moindre de leurs décisions.

Chacun développe sa vision du monde et de ce qui lui arrive, ainsi qu'aux autres, en fonction de sa propre expérience. En partie à cause des expériences de mon enfance, je préfère encore croire que Jak m'a aimée, ne serait-ce qu'un peu, à un moment donné. Si j'accepte l'idée du contraire, cela m'oblige à envisager la possibilité que je ne suis pas quelqu'un qu'on peut aimer, que c'est peut-être d'ailleurs la raison pour laquelle mon père ne se souciait pas de moi et, parfois quand j'étais petite, ma mère non plus, semblait-il.

La partie logique de mon cerveau me dit que le comportement de mes parents s'explique par des faits qui n'ont rien à voir avec moi et qu'ils souffraient eux-mêmes de problèmes affectifs complexes, peut-être liés à ce qui leur était arrivé à eux, dans leur propre enfance. Néanmoins, j'ai beau savoir tout cela, il m'arrive encore parfois, quand je me sens vraiment déprimée, de me demander si c'est bien vrai.

Jak savait très bien s'y prendre pour me faire croire que ce qui m'arrivait était ma faute. Le fait est qu'il m'a délibérément choisie pour faire de moi sa victime parce que j'étais très jeune et qu'il s'était parfaitement rendu compte à quel point j'étais naïve, vulnérable et perturbée sur le plan affectif.

Les trafiquants ne s'attaquent pas aux personnes qui ont confiance en elles, dont l'expérience de la vie a été plus positive que négative, et qui ont toutes les chances de ne pas se laisser faire.

Lorsque Jak m'a abandonnée ce matin-là dans cette horrible chambre d'hôtel infestée de cafards, j'étais désemparée. Je pleurais, encore allongée sur le lit, lorsque le téléphone fixe a sonné. J'ai décroché, et l'hôtelier albanais m'a dit :

— Prépare-toi et descends au bar dans quinze minutes.

Je n'ai même pas eu le temps de lui demander pour quoi je devais me préparer. J'ignorais totalement ce qui allait se passer ensuite ; j'étais comme un petit chien qui attend les instructions de son maître. Un quart d'heure plus tard, j'avais séché mes larmes, je m'étais maquillée et j'étais assise en bas, à l'une des tables du bar. L'hôtelier, déjà là à boire du whisky, m'a interpellée à travers la pièce pour me demander si je voulais boire quelque chose.

— Non, merci, ai-je répondu. Ça va.

— Elek ne va pas tarder. Pourquoi tu ne prends pas un verre en attendant ? a-t-il insisté.

Alors, par peur de vexer ou de déranger, j'ai cédé et demandé un peu d'eau.

— Pas de l'eau ! s'est-il exclamé avec dédain. Prends un vrai verre.

— Non, merci, je n'aime pas trop l'alcool. De l'eau, ça m'ira très bien.

Mais il me servait déjà un whisky, qu'il déposa sur la table devant moi.

— Allez, goûte ça, a-t-il dit presque agressivement.

— J'ai dit que je voulais de l'eau.

Je m'efforçais de paraître assurée afin de cacher ma subite nervosité.

— Ce n'est pas parce que mon copain est parti que vous pouvez me dicter ce que je dois faire.

— Bois !

L'hôtelier a tapé du poing sur la table avec une telle force qu'il en a fissuré le plateau.

Après avoir vidé le verre entier de whisky d'un trait, j'ai senti une chaleur se répandre dans mon corps. L'homme m'a demandé en riant si j'en voulais un autre et, cette fois, quand j'ai refusé, il a haussé les épaules.

— Bon, plus tard alors. Plus tard, on prendra un verre ensemble, toi et moi.

À son arrivée à l'hôtel, Elek est venu s'asseoir à côté de moi dans le bar.

— Le travail d'escort-girl s'épuise. On va devoir passer au niveau supérieur, a-t-il annoncé.

— Comment ça ?

Des vagues d'angoisse montaient en moi. Quel niveau supérieur ?

Elek me parlait toujours soit en anglais, soit en grec, mais comme le mot *bordello* m'était inconnu dans une langue comme dans l'autre, je n'ai pas compris, lorsqu'il m'a dit que c'était là que je travaillerais désormais. Quand je lui ai demandé ce que c'était, il m'a dit :

— C'est comme… C'est du sexe à l'intérieur.

— À l'intérieur de quoi ?

J'avais la nausée. Il n'existait quand même pas encore des actes sexuels pervers dont je n'avais pas connaissance ? C'est donc presque avec soulagement que j'ai accueilli la réponse d'Elek.

— Travailler dans un *bordello*, c'est comme travailler à l'intérieur d'une maison. Je passerai te prendre ce soir. Comme ce boulot est très fatigant, tu iras dans l'un des moins fréquentés pour commencer.

Même là, je ne crois pas que j'avais encore bien compris qu'il s'agissait d'un bordel.

Après le départ d'Elek, je suis remontée attendre dans ma chambre. Il m'a appelé plusieurs fois dans l'après-midi, puis il est revenu me chercher en moto, en début de soirée, pour me conduire au centre d'Athènes. La petite maison en pierre devant laquelle il s'est arrêté était presque identique à toutes celles de la longue rue étroite, et dont la plupart des portes d'entrée en métal étaient ornées de lampes de couleur.

Je n'étais encore jamais entrée dans un bordel, et ceux que j'avais vus dans des films n'avaient rien à voir avec la pièce froide et humide dans laquelle on me conduisit, qui était éclairée comme une discothèque et empestait la sueur et l'alcool éventé.

Elek me présenta à la tenancière, une femme énorme et crasseuse qui me rappelait le personnage d'Agatha Trunchbull dans le film *Matilda*. Puis il me remit une petite boîte indiquant 250 PRÉSERVATIFS.

— Tu vas avoir besoin de ça, dit-il.

La panique m'a gagnée. Pourquoi autant ? Combien de temps Elek allait-il me laisser là ? Lorsque j'étais escort-girl, je voyais environ huit clients par jour, et j'étais encore en train d'essayer de diviser deux cent cinquante par huit, quand Elek m'a tendu des vêtements qu'il m'a dit d'aller enfiler.

— Ça te va vraiment très bien, a-t-il commenté quelques minutes plus tard en me voyant revenir avec un débardeur noir très près du corps, orné de minuscules roses rouges, un string à dentelle assorti et une paire de chaussures à talons aiguilles. Tu vas faire un malheur, ce soir.

Je devais sembler aussi malheureuse que je l'étais, car il s'est esclaffé.

— Ne t'inquiète pas. C'est beaucoup mieux ici que ce que tu faisais avant. Ça va beaucoup plus vite. Tu n'as pas à discuter avec les clients. Tu ne les laisses pas te toucher et tu ne les laisses rien faire sans préservatif, pas même pour plus d'argent. Tout ce que tu as à faire, c'est écarter les cuisses, ils te baisent et ils s'en vont. Ce n'est pas plus compliqué que ça !

Ce ne l'était peut-être pas pour lui. Pour un homme qui avait le contrôle sur sa propre vie et qui ne considérait pas qu'une fille comme moi ait quoi que ce soit en commun avec, disons, sa mère ou sa sœur, ce n'était sans doute qu'un boulot.

Mais pour moi, travailler dans un bordel était une perspective effrayante, déprimante, et sans doute la pire chose que j'aurais cru pouvoir faire un jour.

Après le départ d'Elek, la femme m'a dit :

— On ouvre dans une demi-heure. Tes cheveux ne ressemblent à rien. Va te coiffer et maquille-toi. Il te faut beaucoup plus de maquillage que ça.

Une fois satisfaite de mon allure, elle a sorti une poignée de préservatifs de la boîte qu'Elek m'avait donnée et les a posés en rangées sur une table, quatre dans la première rangée et plusieurs rangées de dix en dessous. Puis elle m'a tendu un morceau de papier et un stylo.

— Tout le monde paye vingt euros. Tu dois tenir tes comptes. Tu ne touches rien sur les premières passes ; alors, n'en tiens pas compte. C'est pour couvrir tes charges : loyer, électricité, etc.

En fait, les clients la payaient directement ; aucun argent ne me passait entre les mains. J'attendais juste derrière un rideau qu'elle m'appelle au salon, la pièce principale où les clients potentiels me reluquaient avant de décider si je valais vingt euros, tandis que la tenancière leur décrivait avec une indifférence blasée tout ce que je pouvais faire. Certains, surtout les jeunes, venaient juste se rincer l'œil sans réelle intention de « consommer ». Ceux qui payaient se voyaient remettre l'un des trois numéros de chambre, puis diriger vers l'escalier. Je les suivais dans un vieil ascenseur branlant en m'efforçant de fermer mon esprit à toute pensée.

C'était un bordel dans lequel ne travaillait qu'une fille à la fois. J'étais donc seule. La tenancière était une méchante femme sournoise.

— Dépêche-toi, me répétait-elle toujours. Ne traîne pas. Les trois chambres sont occupées. Le temps, c'est de l'argent.

Il était évident qu'elle m'arnaquait, notamment en retirant dix préservatifs de la table chaque soir, au lieu des quatre convenus, puis soutenait que je m'étais trompée dans mes comptes. Je n'étais pas en position de discuter avec elle, et, même si cela m'a ennuyée quand j'ai compris son manège, peu importait qui récupérerait l'argent puisque, de toute façon, ce ne serait pas moi.

— Il est interdit de toucher, informais-je tous les clients.

Puis je m'allongeais sur le lit et leur répétais, comme la tenancière me le disait toujours :

— Dépêchez-vous. On n'a pas que ça à faire.

Pour vingt euros, ils avaient droit à cinq minutes ; après quoi, qu'ils aient terminé ou pas, ils devaient repayer ou partir. Si j'insistais – et je ne faisais aucune exception –, certains regimbaient. Dans ce cas, j'appuyais sur le bouton à côté du lit pour alerter la femme en bas, qui appelait alors l'un des « videurs » albanais toujours postés devant la maison. Ils éjectaient le type dans la rue – non sans le tabasser s'il continuait à résister.

Lorsqu'il y avait du monde, les clients qui décidaient de payer un supplément devaient souvent attendre pendant que je descendais remettre les vingt euros supplémentaires à la tenancière et me débarrasser des clients en attente dans les deux autres chambres. Parfois, comme ils en avaient marre d'attendre, ils ouvraient la porte de leur chambre et se mettaient à crier :

— Alors ! Qu'est-ce que tu fais ?

Il en fallait beaucoup plus pour me mettre dans l'embarras que quelques mois à peine plus tôt, néanmoins, j'avais honte pour eux.

Pourtant, nombre de clients étaient sales ou négligés, et ils se moquaient clairement de ce que le reste du monde pouvait penser d'eux, même les hommes d'affaires aisés, qui ne semblaient pas gênés par le fait d'être éventuellement reconnus dans la salle d'attente.

Cette première nuit, j'ai fait plus de cinquante passes ; à la fin, je n'en pouvais plus. Elek est venu me chercher pour me déposer à l'hôtel, et, après quelques heures de sommeil seulement, il m'a ramenée au bordel. J'y ai travaillé nuit après nuit sans répit pendant plusieurs semaines avant qu'il ne me m'emmène dans un autre établissement, puis encore un autre. Chaque nouveau bordel était plus miteux et sale que le précédent.

La seule chose qui les distinguait, c'était que, dans certains, malgré la moyenne d'au moins cinquante clients à recevoir par nuit, on me disait qu'il fallait que j'essaie quelque chose de différent, que je n'en faisais pas assez.

Un soir, alors qu'on tournait au ralenti, j'ai entendu un client expliquer à la tenancière qu'il avait emmené son fils.

— Il a quinze ans et il est vierge.

— Pas de problème, a-t-elle répondu. Dans ce cas, c'est quarante euros.

J'entendais très bien le sourire dans sa voix, alors que moi, cela me rendait malade de penser qu'un homme puisse emmener son fils dans un endroit pareil.

Quelques minutes plus tard, lorsque j'ai découvert le garçon assis sur le bord du lit immonde, l'air inquiet, dans l'une des chambres à l'étage, cela m'a donné envie de pleurer. Il avait mon âge, mais je me sentais beaucoup plus vieille. Du mieux que j'ai pu, j'ai essayé de le dissuader.

— Tu es trop jeune. Je me fais l'effet d'une pédophile, ai-je dit. Ne fais pas ça, s'il te plaît. Ce n'est pas une façon de perdre ta virginité.

Néanmoins, il était décidé, puis il s'est irrité et senti humilié parce qu'il n'y arrivait pas.

Lorsque je m'en suis plainte ensuite à Elek en insistant sur le fait que j'avais détesté faire cela et que je ne voulais plus jamais recommencer, il a haussé les épaules.

— Tu dois le faire. C'est normal pour certains Grecs. C'est comme ça qu'ils font. Ils emmènent leurs fils au bordel pour qu'ils deviennent des hommes et éviter qu'ils ne deviennent homos, m'expliqua-t-il.

J'avais beau ne pas connaître grand-chose, même pour moi, c'était ridicule. Toutefois, après ce que j'avais déjà vu et subi, j'imagine que ce que font « certains hommes » n'aurait dû ni me surprendre ni me dégoûter.

Lorsque Elek passait me prendre au bordel à l'aube, je lui remettais la moitié de ce que j'avais gagné. Puis, une fois par semaine, il me conduisait dans une agence de la Western Union, où j'envoyais à Jak l'autre moitié, moins trente euros, que j'avais le droit de conserver pour mes cigarettes et ma nourriture. Un soir, comme il ne pouvait pas venir, Elek me dit de rentrer à pied à l'hôtel, où il me retrouverait plus tard pour récupérer l'argent. Après son départ, je suis restée au bar de l'hôtel et je finissais de boire le Coca qu'il m'avait payé, lorsque l'hôtelier albanais m'a annoncé, avec un clin d'œil comme pour partager un secret :

— Il y a des filles qui arrivent ce soir.

Comme je ne voyais pas du tout où il voulait en venir, je me suis contentée d'un « Ah bon » accompagné d'un hochement de tête. Néanmoins, j'étais assez curieuse – ou du moins assez seule – pour décider de les attendre.

Lorsque les filles sont entrées dans le bar un peu plus tard, je n'ai pas reconnu la langue qu'elles parlaient entre elles. Elles étaient huit, accompagnées par un couple de Grecs. Tous se sont assis, et l'une des filles m'a souri timidement. Une autre a demandé à l'homme en anglais :

— Alors, c'est quoi comme restaurant ? Je n'ai encore jamais été serveuse. On nous apprendra comment faire ? Ce n'est pas grave si on ne parle pas grec ?

— C'est un restaurant très sympa, a répondu l'homme. Et ne t'inquiète pas pour la langue ni pour la formation. Aucune de vous n'aura de problème.

Comme les filles ont toutes hoché la tête, j'ai compris que toutes parlaient aussi anglais. L'une d'elles a dit quelque chose dans leur langue et, tandis qu'elles se penchaient toutes vers elle pour l'écouter, j'ai entendu l'homme dire discrètement en grec :

— Il n'y a pas besoin d'une grande formation pour s'allonger sur le dos et écarter les jambes.

Et la femme a ri.

J'ai vivement détourné la tête en faisant semblant de tousser pour couvrir le son de ma forte inspiration. « Du calme, ai-je songé. Ne montre pas que tu as entendu ce qu'il a dit. » Le sang battait dans mes oreilles et, bien que cramponnée à mon siège, je n'arrivais pas à empêcher mon corps de trembler, car je savais ce qui allait arriver à ces pauvres malheureuses qui ne se doutaient de rien.

Je m'efforçais encore de ne pas céder à la panique, quand le couple grec a indiqué aux filles qu'ils allaient voir l'hôtelier – alors installé à la réception –, puis ils sont sortis. La fille qui m'avait souri à son arrivée, et qui était assise à la table la plus proche de la mienne, s'est penchée vers moi.

— Bonjour. Tu travailles ici ? a-t-elle demandé.

— Non, ai-je répondu en me forçant à lui rendre son sourire timide. Je... je loge ici pour quelque temps.

— Nous aussi, on va loger ici. Je m'appelle Kasia, a-t-elle dit. Je suis polonaise. Je vais en fac, là-bas. Je suis venue ici pour travailler comme serveuse quelque temps, pour économiser un peu pour mes études. C'est la première fois que je quitte ma famille. Elle me manque déjà, et mon copain aussi. Mais c'est un bon boulot, je crois. Je ne pourrais pas gagner autant en Pologne.

À part un ou deux clients souffrant de solitude, personne ne m'en avait dit autant sur soi depuis des mois. Brusquement, je me suis sentie très triste à l'idée que je n'avais pas eu d'ami tout ce temps et que cette inconnue était ce qui s'en approchait le plus.

Elle avait l'air d'une gentille fille et je voulais lui dire quelque chose, la prévenir pour qu'elle parte de là avant qu'il ne soit trop tard. Mais j'avais peur.

Certes, je ne savais rien du couple grec ; en revanche, je savais que l'hôtelier albanais pouvait être violent : je l'avais souvent vu battre sa femme lorsqu'il était ivre. Malgré ma peur, néanmoins, je savais que, s'il y avait une chance pour que cette fille prenne la fuite, je ne pouvais pas lui tourner le dos sans rien faire.

Il fallait que je réfléchisse. Alors, après m'être excusée auprès de Kasia, je suis montée dans ma chambre pour m'installer sur le balcon et fumer une cigarette en essayant de chasser le désarroi de mon esprit.

8

J'étais toujours assise dehors quand Kasia est apparue sur le balcon d'à côté. Elle avait l'air contente de trouver quelqu'un avec qui bavarder. Elle m'a parlé de la Pologne, des études qu'elle y avait commencées, elle m'a dit combien son pays lui manquait déjà. Je lui ai expliqué que ma mère et moi étions venues passer des vacances en Grèce, qu'on était toutes les deux tombées amoureuses du pays et qu'on avait décidé d'y rester.

Je lui ai alors rapporté les propos du couple grec au bar de l'hôtel.

L'espace d'un instant, elle est restée interdite, à me fixer, comme si elle ne comprenait plus la langue. Puis elle a éclaté en sanglots.

— Chut, ai-je murmuré. Il ne faut pas qu'on t'entende pleurer. Rejoins-moi dans ma chambre. Je vais aller t'ouvrir la porte. Mais, je t'en supplie, ne fais pas de bruit.

Elle était blême et tremblait comme une feuille en entrant dans ma chambre.

— Où sont les autres filles ? ai-je demandé.

— Je ne sais pas. Encore en bas, je crois. Elles discutent de ce qu'on va faire pendant notre séjour.

Un sanglot s'est noué dans sa gorge, et j'ai posé ma main sur son bras.

— Je vais essayer de t'aider. Ça va aller, lui ai-je assuré, même si rien ne me permettait de le croire.

— J'ai mon téléphone sur moi, a-t-elle dit tout à coup, comme si elle venait de se rappeler ce détail. Tu parles grec. Appelons la police et...

— Non ! On ne peut pas faire ça. Je ne sais pas si on peut se fier à la police.

Jak m'avait plusieurs fois avertie que si jamais je prévenais la police il le saurait, et je craignais que, même si Kasia ne mentionnait pas mon nom, Jak découvre d'une manière ou d'une autre que j'étais impliquée.

— Que vais-je faire ? s'est lamentée Kasia. Je ne peux pas rester ici. Il faut que je rentre. Je veux retourner auprès de ma mère et de mon petit ami. Je suis venue ici pour travailler comme serveuse. Je ne veux pas faire... ces choses.

Je me suis alors souvenue du numéro de téléphone griffonné sur la boule de papier froissé que j'avais cachée au fond de mon sac.

— Je connais peut-être quelqu'un qui pourrait nous aider, ai-je dit. C'est un mec gentil et très riche. Je suis sûre qu'il n'hésiterait pas à te payer un billet d'avion pour rentrer chez toi si je lui expliquais ce qui s'est passé.

En vérité, je ne savais même pas si le bout de papier était toujours là. Il l'était, et, à ma plus grande joie, les chiffres notés dessus étaient toujours lisibles.

J'ai envoyé un texto à Andreas : *C'est Megan. Appelle-moi de toute urgence sur ce numéro.* Presque aussitôt, mon téléphone a sonné.

— Je suis ravi d'avoir de tes nouvelles, a déclaré Andreas de sa voix feutrée et pleine d'assurance. J'espère que ça signifie que tu vas passer me voir.

— J'ai besoin de ton aide, ai-je expliqué. Je suis avec une fille qui est empêtrée dans une sale affaire. Peut-être que tu peux l'aider ?

— Passez à la maison, a-t-il répliqué en prenant soudain un ton sérieux. Tu sais où j'habite. Prenez un taxi. Je paierai la course à votre arrivée.

— Je crois vraiment qu'il pourra t'aider à rentrer chez toi, ai-je expliqué à Kasia après avoir raccroché. Mais, d'abord, il faut qu'on réussisse à sortir d'ici sans se faire voir.

Je crois que j'avais encore plus peur que Kasia, car, contrairement à elle, je savais ce qui m'attendait si j'étais prise à l'aider à s'échapper. Mais je tirais aussi une certaine fierté du cran dont je faisais preuve, ce cran qui m'avait toujours fait défaut pour m'aider moi-même. Ironiquement, j'étais si obnubilée par l'envie d'épargner à Kasia un sort comme le mien que je ne pensais plus du tout à moi-même. Je ne songeais même pas que si Andreas pouvait l'aider à quitter le pays, alors, il pouvait en faire autant pour moi. Dans tous les scénarios que j'imaginais, je restais une présence invisible. Sans doute parce que, à mes yeux comme à ceux de tous les gens auxquels j'avais eu affaire, je n'existais pas en tant que personne. Alors, sur le moment, une seule question me préoccupait : comment allais-je me débrouiller pour sortir de l'hôtel avec Kasia et me rendre jusque chez Andreas ?

— Suis-moi, ai-je dit. Reste près de moi et ne fais pas de bruit.

Lentement, j'ai ouvert la porte de la chambre, puis retenu mon souffle et tendu l'oreille quelques secondes avant de glisser la tête au-dehors avec une grande prudence, juste assez pour jeter un coup d'œil d'un bout à l'autre du couloir plongé dans la pénombre.

Je venais de sortir de la chambre et je me retournais pour dire à Kasia de me suivre quand nous avons entendu quelqu'un hurler. Kasia a lâché un petit gémissement et je l'ai poussée dans le couloir en lui ordonnant à voix basse :

— Vite ! Retourne dans ta chambre et enferme-toi.

J'ai fait de même.

La voix était celle du patron de l'hôtel et il avait l'air soûl et vraiment furieux. Je ne sais pas du tout pourquoi il criait mon nom en menaçant de me tuer, et je n'ai pas eu l'occasion de le découvrir, car j'avais à peine refermé ma porte qu'il s'est mis à la marteler de coups de poing. Adossée au mur de l'autre côté, j'ai vu briller le couteau qu'il brandissait par la petite vitre au-dessus de la porte et je me suis mise à prier.

Tout dans cet hôtel était de piètre facture, et la porte de ma chambre ne faisait pas exception. Je savais qu'il ne lui faudrait pas longtemps pour la défoncer. Je n'avais qu'une seule issue... Je suis sortie sur le balcon et, tout en tremblant et en me répétant : « Ça ira. Contente-toi de ne pas regarder en bas », j'ai grimpé sur la balustrade de pierre usée, pris une grande inspiration et enjambé le vide donnant sur la rue, trois étages plus bas.

Quand elle m'a vue surgir sur son balcon, Kasia a collé sa main contre sa bouche pour retenir un cri. Mes genoux flageolaient tant que je ne tenais plus sur mes jambes, et elle a dû m'épauler pour m'aider à marcher jusque dans sa chambre sans tomber. Nous sommes restées plantées là, serrées l'une contre l'autre, à écouter le patron de l'hôtel vitupérer dans le couloir en donnant des coups de pied dans ma porte. Puis, tout à coup, le bruit a cessé, et un immense silence a envahi les lieux. Quelques secondes plus tard, j'ai entendu la porte de l'ascenseur s'ouvrir et se refermer, puis un ronronnement caractéristique tandis qu'il se déplaçait entre deux étages.

Nous avons attendu une ou deux minutes de plus, l'oreille aux aguets, pour nous assurer que ce n'était pas un piège, puis nous sommes sorties discrètement dans le couloir et avons descendu les marches quatre à quatre avant de franchir les portes de l'hôtel pour déboucher dans la rue.

Par chance, personne ne nous a vues. Une fois dehors, nous avons couru sans nous arrêter le long de la ligne de tram jusqu'au prochain arrêt et sommes montées à bord de la première rame, direction le quartier de la ville où habitait Andreas. Il aurait sans doute été plus sage de suivre son conseil et de prendre un taxi, mais j'étais en panique. Heureusement, nous avons atteint notre destination sans rencontrer aucun contrôleur.

Quand Andreas nous a ouvert la porte de sa luxueuse maison en ville, nous nous sommes à moitié écroulées sur le seuil. Il nous a fait entrer dans son salon, élégamment meublé, et, une fois calmée, je lui ai raconté ce qui s'était passé. Il a aussitôt décroché son téléphone et réservé un vol vers la Pologne pour Kasia.

— Est-ce qu'elle peut rester chez toi en attendant son départ ? lui ai-je demandé. Ça ne te fait rien de t'occuper d'elle ? Moi, je dois retourner à l'hôtel.

Il m'a promis de le faire, et je savais qu'il tiendrait parole.

— Et toi ? a-t-il ajouté. Ça va ? Tu ne veux pas que je te prenne un billet d'avion pour quelque part ?

— Je vais très bien, ai-je menti. Occupe-toi juste de Kasia. Inutile de te tracasser pour moi.

Après tout, où aurais-je bien pu aller ? En Pologne, Kasia avait sa mère, un petit ami et une maison ; moi, ma mère vivait en Grèce (pas assez loin pour qu'elle et moi soyons en sécurité), et il ne me restait plus personne en Angleterre.

C'était la peur qui m'emprisonnait ici et qui faisait que je ne cherchais pas à m'échapper. Contrairement à Jak, Elek avait rarement eu recours à la violence pour maintenir son emprise sur moi. Ses méthodes étaient plus subtiles : il me laissait ainsi voir le pistolet qu'il rangeait sous le siège de sa moto, et j'étais sûre qu'il disait la vérité quand il affirmait que j'étais sous surveillance permanente et qu'il me promettait, d'une voix calme et dépourvue d'émotion, que j'aurais de « gros ennuis » si jamais je tentais de m'échapper.

Je préférais ne pas penser à ce qui attendait les autres filles polonaises. Je savais que je ne pouvais pas les aider toutes. Je ne regrettais pas le risque que j'avais pris en quittant l'hôtel, car il m'avait permis de sauver Kasia, mais j'ignorais ce qui m'attendrait à mon retour.

Toute excuse plausible que je pouvais inventer (expliquer par exemple que j'avais eu peur du patron de l'hôtel) ne tiendrait que tant que mon absence restait brève. J'étais devenue totalement parano : j'étais convaincue que mon téléphone était pisté.

Il me tardait donc de repartir de chez Andreas, de peur que quelqu'un vienne m'y chercher et découvre du même coup Kasia. Le problème, c'est que la perspective de regagner l'hôtel me terrifiait tout autant que celle de ne pas y retourner. En y repensant aujourd'hui, je n'arrive pas à croire que j'aie pu laisser passer cette chance de m'échapper.

Kasia m'a serrée dans ses bras et m'a remerciée en m'assurant qu'elle prendrait contact avec moi dès qu'elle serait en sécurité hors du pays. Puis Andreas m'a mise dans un taxi, et j'ai prié pour que personne n'ait remarqué notre absence ou, sinon, qu'on n'ait pas fait le lien entre nos deux disparitions.

Andreas avait payé le chauffeur et lui avait demandé de me déposer à quelques pas de l'hôtel. Une fois là-bas, le cœur battant, j'ai remonté la rue rapidement et la tête baissée pour cacher mon visage à quiconque aurait pu m'apercevoir et me reconnaître.

Au moment de tourner dans la rue de l'hôtel, j'ai perçu des éclats de voix, et, l'instant d'après, j'ai vu les voitures de police. En levant la tête, je me suis rendu compte que l'hôtel grouillait de policiers.

J'ai d'abord été soulagée en croyant que les filles, ayant découvert d'une manière ou d'une autre le sort qui leur était destiné, avaient appelé la police à leur secours. Ce n'est que plus tard que j'ai appris ce qui s'était réellement passé.

Frustré de n'avoir pas réussi à me mettre la main dessus, soûl, le patron de l'hôtel avait passé ses nerfs sur sa femme, et quelqu'un qui l'avait vu la frapper avait prévenu la police. Lorsqu'ils avaient débarqué (plusieurs voitures), ils avaient arrêté le patron et fermé l'établissement.

J'ignore comment, mais Elek était déjà au courant de ce qui s'était passé. J'essayais de convaincre un des policiers de me laisser entrer dans l'hôtel quand mon téléphone a sonné.

— Prépare tes affaires, m'a ordonné Elek. Je passe te chercher dès que je peux.

Pourquoi le patron de l'hôtel menaçait-il de me tuer ? Je n'en avais aucune idée. Sur le moment, je me suis dit que c'était peut-être parce qu'il avait découvert que j'avais discuté avec Kasia. Dans ce cas, il en avait peut-être déjà informé Elek. Même si je n'avais décelé aucune colère dans sa voix au téléphone, j'étais malade d'angoisse en l'attendant.

Par chance, le policier m'a finalement laissée entrer dans l'hôtel pour rassembler mes affaires. À son arrivée, Elek avait d'autres problèmes en tête et il n'a pas cherché à savoir ce que j'avais fait après son départ.

— Si quelqu'un t'interroge, m'a-t-il averti, dis que tu es en vacances en Grèce.

Par miracle, mon absence était passée inaperçue. Le patron de l'hôtel a été envoyé en prison, et j'ignore ce qu'il est advenu des autres filles. J'espère de tout cœur qu'elles ont pu rentrer dans leurs familles en Pologne.

Elek m'a conduite dans un autre hôtel, où il m'a dit d'attendre son retour. Tous les endroits où j'avais été logée à Athènes tenaient plus d'asiles pour SDF que d'hôtels, et celui-ci était encore plus crasseux et infesté de cafards que les autres.

Le lendemain, j'ai reçu un texto d'Andreas me demandant s'il pouvait m'appeler. Je lui ai répondu que oui, et mon téléphone a sonné.

— Bonne nouvelle, a-t-il annoncé. Tout s'est passé comme prévu. Kasia est saine et sauve en Pologne. Elle m'a envoyé un mail dans lequel elle me demande de te remercier de ce que tu as fait pour elle. Elle espère que tu vas bien et aimerait reprendre contact avec toi.

— Merci de l'avoir aidée à rentrer en Pologne, Andreas. Je savais que je pouvais compter sur toi. Tu as toute ma gratitude.

Elek ne se souciait pas vraiment de mes faits et gestes tant qu'il touchait son argent. Il vérifiait rarement mon téléphone et ne risquait pas de découvrir l'appel d'Andreas. J'ai néanmoins effacé le texto, puis je me suis laissée tomber sur les draps sales et tachés, et j'ai pleuré toutes les larmes de mon corps. Pourquoi n'avais-je pas avoué à Andreas que je n'étais pas la prostituée « consentante » que j'avais prétendu être ? Pourquoi ne lui avais-je pas demandé de m'aider, moi aussi ? J'étais heureuse que Kasia ait pu s'échapper, et fière du rôle que j'avais joué dans sa fuite, mais j'étais submergée par le désespoir à l'idée que j'avais peut-être raté l'unique occasion qui me serait jamais donnée de rompre les liens invisibles m'enchaînant à cette vie de constante solitude et d'avilissement.

Elek est venu me chercher le lendemain et m'a emmenée dans un café, où il m'a présentée à un Grec d'une cinquantaine d'années prénommé Christoph. Ils ont discuté un court moment, puis Christoph a remis à Elek une liasse de billets.

— C'est lui qui s'occupera de toi maintenant, m'a expliqué Elek. À un de ces quatre.

Il s'est levé et a serré la main de l'homme avant de s'en aller.

Je doute qu'il soit possible de ressentir une honte et une humiliation plus grandes que celles que j'ai éprouvées ce jour-là, à la table de ce café, tandis que j'essayais d'intégrer l'idée que je venais d'être vendue. Ce genre de transaction s'était déjà produit, évidemment, comme quand Léon avait racheté à Jak la « demi-part » de moi qu'il détenait, pour ensuite me revendre en totalité à Elek. À l'époque, je n'avais pas compris ce qui se tramait, et je crois que je ne le comprenais toujours pas. Tant que je réussissais à me convaincre que je faisais tout ça pour Jak et moi, j'arrivais à me voiler la face.

Pourtant, en réalité, après qu'il m'avait abandonnée à Athènes, Jak ne m'avait plus jamais téléphoné et n'avait plus répondu à mes appels. Il se contentait de m'envoyer un texto un jour sur deux, avec juste un baiser ou un cœur, mais sans message. Puis, au bout de quelque temps, il avait coupé tout contact. La vérité, que je refusais de voir, c'était que je ne présentais plus pour lui qu'un intérêt financier.

Je suis plus forte aujourd'hui que je ne l'étais à l'époque, même si j'ai encore des progrès à faire au niveau de l'assurance et de l'estime de soi. Lorsque je jette un regard sur cette période de ma vie, je m'en veux énormément et j'éprouve une immense tristesse. Quand vous avez l'impression de n'être rien, vous n'envisagez même pas de pouvoir avoir le choix.

Vous êtes comme une marionnette, attendant que quelqu'un ramasse vos cordons et vous manipule. Et, une fois que le marionnettiste vous pose, vous restez là, amorphe, parce que vous avez tellement l'habitude d'être manipulée que vous oubliez qu'un jour, vous pensiez et agissiez par vous-même.

Le seul changement concret pour moi, après qu'Elek eut confié mes cordons à Christoph, était que c'était désormais lui qui venait me chercher chaque matin, dans la chambre d'hôtel que je partageais avec une légion de cafards. Durant les mois qui ont suivi, j'ai continué de travailler dans plusieurs bordels de la ville, parfois le jour, d'autres fois la nuit. Je bossais aussi comme escort-girl, dans des chambres d'hôtel ou au domicile de gens qui n'avaient sans doute jamais entendu un insecte ramper la nuit sous leur lit.

Certains jours, je travaillais seule dans un bordel, tandis que, d'autres jours, je partageais un studio avec une autre fille de telle heure à telle heure. Les types entraient, nous regardaient, puis choisissaient l'une de nous deux. Pour quelqu'un comme moi qui manquait déjà cruellement de confiance en soi, le fait de ne pas être choisie aurait pu porter un coup supplémentaire à mon amour-propre (même si la personne en face n'était qu'un gros dégueulasse), mais, à ce stade, je ne ressentais déjà plus rien.

Christoph ne me frappait pas ; bien au contraire, il me complimentait.

— Regarde-toi ! disait-il. Tu es à tomber par terre. Tu dois être fière. Dis-toi : « Je suis bonne, je suis spéciale. » Allez, vas-y, dis-le !

Et je me sentais si seule, je manquais tellement d'affection, que, l'espace d'un moment, je me sentais bel et bien « spéciale », simplement parce qu'il me le disait.

Un jour, il m'a dit :

— Tu devrais arrêter ce métier. Pourquoi tu continues ?

J'ai répondu :

— Pour que mon copain et moi, on puisse se bâtir une maison et fonder un foyer.

— Ah ! vous allez pouvoir vous bâtir un joli nid d'amour ! a-t-il rétorqué en fixant le vide, le sourire aux lèvres, comme s'il pouvait lui aussi se figurer l'image à laquelle je m'accrochais.

Pendant un instant, ses paroles avaient reprécisé les contours du rêve qui commençait à s'estomper, et je parvenais presque à croire qu'il se concrétiserait un jour.

La plupart des filles qui bossaient dans les bordels étaient albanaises ou roumaines ; il y avait quelques Grecques, les autres étaient polonaises, russes, lithuaniennes ou moldaves. Même si nous nous adressions rarement la parole, même quand nous partagions un studio, j'ai commencé à soupçonner que la plupart ne faisaient pas non plus ce boulot de leur plein gré. Souvent, je mourais d'envie de leur parler, mais, chaque fois que j'essayais, je renvoyais l'image un peu bizarre d'une fille en manque d'affection. L'effet déshumanisant de mon activité semblait avoir mis à mal mes capacités à communiquer avec autrui.

Je voyais les autres jeunes filles dans les rues – étudiantes ou employées de bureau ou de magasin –, et mon envie d'être comme elles était si vive que la douleur était presque palpable. Elles vivaient la vie que j'imaginais mener en suivant Jak à Athènes.

Je les regardais rire et discuter entre elles, marcher bras dessus, bras dessous, je les sentais débordantes d'énergie et de confiance en elles, et je constatais, effondrée, que j'étais invisible à leurs yeux.

Quand tous les jours se ressemblent et que rien ne change, on perd facilement la notion du temps, et les semaines se changent rapidement en mois. Et, donc, je ne sais plus exactement depuis combien de temps j'étais à Athènes quand Christoph a commencé à m'emmener dans d'autres villes, où j'habitais seule en travaillant dans des bordels, chaque fois pour quelques semaines. Les établissements restaient ouverts vingt-deux heures sur vingt-quatre, sept jours sur sept, et nous n'avions pas un seul jour de repos. J'ai vite fini par être complètement épuisée. Le bordel fermait deux heures chaque matin, le temps de faire le ménage, et c'est dans cet intervalle que j'étais censée dormir.

Le problème, c'est que, généralement, j'étais tellement fatiguée et si excitée par le café glacé et les comprimés énergétiques que les patrons me donnaient que mon sommeil était agité. Heureusement, il y avait peu de clients à l'heure de la sieste ; alors, certains établissements fermaient aussi deux ou trois heures l'après-midi. Et là, je dormais comme une masse.

Les fenêtres avaient des barreaux, mais aussi des planches, si bien que je ne savais jamais si c'était le jour ou la nuit, ce qui détraquait davantage mon horloge biologique. Mais, la fatigue mise à part, ça ne changeait rien à ma situation : je n'avais nulle part où aller de toute façon. Alors, à quoi bon connaître l'heure ou la date ?

J'avais en moyenne cinquante clients par nuit ; lors de ma pire nuit, cent dix hommes ont payé pour coucher avec moi. Le tenancier du bordel où je travaillais à cette période a été sympa : quand il m'a vue sortir dans la rue par la porte de derrière, après mon cent dixième client, pour aller vomir, il a fermé l'établissement plus tôt que prévu. J'avais trouvé ça gentil de sa part (pour vous dire à quel point mon sens de la normalité avait été perverti). Il n'empêche, la plupart des tenanciers des autres bordels où j'ai travaillé n'auraient même pas eu cette attention.

Après cette nuit-là, je suis tombée malade, pas à cause du nombre de passes, mais parce que j'avais attrapé une gastro. J'étais déjà lessivée physiquement, mais, après plusieurs jours de vomissements et de diarrhée, à grelotter et à me tordre de douleur, je me suis vraiment affaiblie. Christoph s'est montré compatissant.

— Ma pauvre, répétait-il.

Les jours où je ne pouvais pas me lever, il m'apportait mes repas au lit (évidemment, je ne pouvais rien avaler). Mais il m'a tout de même fait travailler quelques nuits (même après que j'ai vomi sur un client), et sa sollicitude à mon égard n'est pas allée jusqu'à me faire hospitaliser, comme il l'aurait fallu.

Au bout de deux semaines dans cet état (après lesquelles j'étais devenue atrocement maigre, au point de ressembler à un zombie), Christoph m'a déplacée dans un hôtel du centre d'Athènes avant de se décider à me conduire à l'hôpital.

Le médecin qui m'a examinée a diagnostiqué une intoxication à la salmonelle et une grave déshydratation. Ils m'ont gardée quelques heures et mise sous perfusion, et Christoph est resté à mes côtés durant tout ce temps. J'avais trouvé ça gentil de sa part : c'était la preuve qu'il tenait vraiment à moi comme il le disait. Ce n'est que plus tard que j'ai compris qu'il était en fait resté pour s'assurer que je ne parle pas aux infirmières.

Aussitôt remise de ma gastro, j'ai recommencé à travailler comme escort-girl le jour et, la nuit, dans l'une des nombreuses maisons closes du centre-ville. Je rentrais à l'hôtel à six heures du matin, je dormais jusqu'à neuf heures, puis Christoph passait me chercher – jamais plus tard que dix heures –

pour me conduire chez mon premier client de la journée, le plus souvent dans des appartements des beaux quartiers.

Maman et moi échangions des textos quotidiennement, et parfois elle m'appelait aussi. Je prenais alors ma voix enjouée pour lui expliquer combien j'excellais dans mon métier de serveuse. J'étais manifestement très convaincante, car elle me répondait :

— Tu as l'air vraiment heureuse, Megan. Je suis si contente pour toi.

— Je crois bien que Jak et moi, c'est fini, lui ai-je avoué un jour, bien après qu'il eut cessé de répondre à mes messages. Mais je me suis fait de nouveaux amis. Ça va, maintenant. En fait, j'envisage de retourner à l'école pour suivre une formation d'esthéticienne-coiffeuse-manucure.

J'étais surprise de la facilité avec laquelle les mensonges me venaient, et de constater que, moi-même, je finissais presque par y croire.

— Il me tarde de te revoir, m'a dit ma mère quelques jours plus tard. Tu n'arrêtes pas de repousser ta venue sous prétexte que tu es occupée. Je comprends que tu n'aies pas le temps de descendre jusqu'ici, mais moi, je pourrais venir à Athènes ? Même si tu ne parviens pas à te libérer à ton travail, on pourra tout de même passer quelques heures ensemble.

— Je verrai ce que je peux faire, ai-je répondu.

Il y avait très longtemps que je n'avais pas vu ma mère. Même si rien au monde ne m'aurait fait plus plaisir, l'idée qu'elle débarque à Athènes m'a plongée dans la panique.

9

Quand j'ai revu Christoph le lendemain, j'ai fini par trouver le courage de dire :

— Ma mère veut me rendre visite. Tu sais, elle s'est installée en Grèce sur la côte ; alors, c'est difficile de l'empêcher de venir. Et puis, j'ai vraiment envie de la revoir.

Nous nous trouvions dans sa voiture, au milieu des embouteillages, en route vers une maison close à quelques kilomètres de la ville. Pendant une minute ou deux, il n'a rien dit. Puis il a ralenti et s'est arrêté sur le bas-côté. Quand il s'est penché vers moi, je me suis crispée, certaine qu'il allait me frapper. Mais, au lieu de cela, il a ouvert la boîte à gants et sorti une photo qu'il m'a tendue.

Le cliché était net et bien cadré, mais le sujet se trouvait dans une salle sombre, si bien que j'avais du mal à le distinguer. Christoph m'a alors demandé en souriant :

— C'est bien ta mère ?

Soudain, je me suis rendu compte que la « salle » en question n'était autre que le bar de Nikos. J'ai senti le sang se glacer dans mes veines.

— Oui, ai-je répondu en touchant du doigt l'image de ma mère.

— Eh bien, tu sais ce qui lui arrivera si tu fais quoi que ce soit qui me contrarie ?

Il a continué sur le même ton amical :

— Si jamais tu essayes de t'échapper…

Il n'a pas eu besoin de terminer sa phrase. Il s'est contenté de poser sur moi son regard froid et de mimer un pistolet avec ses doigts en direction de la photo. Puis il me l'a reprise des mains en souriant et l'a rangée en disant :

— Bonne idée. Alors ? Qu'est-ce que tu as envie de faire pendant que ta mère sera là ? Il faut tout faire pour qu'elle passe un bon moment.

Le fait qu'il disposait d'une photo de ma mère semblait accréditer les propos qu'il me tenait en permanence : il avait des yeux partout. La seule personne qui savait où habitait ma mère était Jak, et j'étais certaine qu'il n'aurait jamais pris cette photo pour le compte de Christoph. Quand je l'ai revu par la suite, Jak m'a juré qu'il ignorait tout de cette photo, et je l'ai cru. Évidemment, c'était avant que je réalise que presque toutes ses paroles émouvantes et soi-disant sincères étaient fausses.

— Ta mère te croit serveuse, pas vrai ? m'a dit Christoph. Bon, eh bien, rien de plus simple.

Il m'a donné une tape sur le genou avant de se rengager dans la circulation.

— On va lui préparer une belle petite journée à Athènes.

— Elle compte rester deux jours, ai-je précisé.

J'étais consciente de tirer sur la corde, mais je savais aussi que ma mère risquait de se vexer (voire d'avoir des soupçons) si j'insistais pour qu'elle reparte le lendemain, d'autant que nous ne nous étions pas vues depuis longtemps.

— Il va déjà lui falloir quasiment une journée pour faire le voyage jusqu'à Athènes.

J'ai retenu mon souffle en attendant sa réaction, mais, à mon grand soulagement, Christoph s'est contenté de hausser les épaules en marmonnant :

— Bah, on se débrouillera.

Deux jours plus tard, il est passé me chercher à l'hôtel, et nous nous sommes rendus dans un café, où il m'a prise en photo près du patron, tenant un plateau avec des tasses et le sourire aux lèvres. Le lendemain, il avait imprimé la photo et me l'a donnée en disant :

— Mets-la dans ton sac. Tu la montreras à ta mère quand elle sera là.

Une semaine environ après que Christoph m'eut donné son accord, maman a débarqué à Athènes. Il nous avait réservé une chambre dans un hôtel du centre-ville, simple mais propre, qui n'avait strictement rien à voir avec les bouges dans lesquels je logeais.

— Explique-lui que ton patron t'a donné quelques soirées, m'a-t-il dit. Payez-vous un bon restaurant et amusez-vous.

Il a compté deux cent cinquante euros, puis a ajouté, tandis qu'il me les déposait dans la main :

— N'oublie pas que je t'aurai à l'œil, à tout moment, où que tu ailles.

J'étais folle de joie à l'idée de revoir ma mère. J'avais souvent imaginé lui avouer ce que je faisais réellement à Athènes, et, lorsque j'ai su qu'elle venait, j'ai essayé de penser à un moyen de lui dire la vérité. Je ne pouvais pas lâcher le morceau à brûle-pourpoint pendant son séjour, car je savais qu'elle insisterait pour m'aider, et cela mettrait en péril sa vie comme la mienne. J'avais pensé écrire un mot et le lui glisser dans la poche afin qu'elle le trouve une fois retournée en sécurité auprès de Nikos. Mais je l'ai imaginée lisant le message, en panique, et m'appelant pendant que j'étais avec Christoph : il se douterait de ce que j'avais fait, quelle que soit l'excuse que j'inventerais. Ou, plutôt que m'appeler, moi, elle risquait d'avertir la police, ce qui serait encore pire, car je ne savais pas s'ils étaient dignes de confiance.

« Réfléchis, Megan, me répétais-je. Il doit y avoir un moyen. »

Mais je crois qu'au fond de moi, je savais qu'il n'existait aucune issue à ma situation qui ne finisse pas mal, non seulement pour moi, mais aussi, si je l'impliquais pendant son séjour, pour ma mère.

Quand le grand jour est arrivé, j'étais si excitée que je ne tenais pas en place dans la voiture de Christoph, tandis que nous roulions vers la gare routière. Après m'avoir déposée, il était resté, j'en étais sûre, dans les parages pour nous surveiller.

Maman et moi, nous nous sommes sauté au cou en pleurant. Elle, elle était simplement heureuse de me voir, mais j'avais une raison supplémentaire de pleurer : c'était la première fois depuis des années que j'étais étreinte par quelqu'un qui tenait vraiment à moi.

À plusieurs occasions, durant le séjour de ma mère à Athènes, j'ai eu conscience d'être suivie par Christoph. À deux reprises, il est passé devant nous en voiture et a klaxonné : simplement un rappel. Je lui ai fait signe en expliquant à maman qu'il s'agissait d'un ami. J'étais sûre qu'il nous faisait également suivre... Mais ça n'avait aucune importance : je ne voulais pas laisser quoi que ce soit gâcher les quelques heures de bonheur que je partageais avec ma mère.

Le premier soir, nous avons pris un taxi depuis l'hôtel jusqu'à un coin en bord de mer truffé de bars et de cafés. Nous avons acheté des hot-dogs et les avons mangés en terrasse tout en discutant. Je ne quittais pas ma mère des yeux, tâchant de mémoriser chacun de ses traits, et chaque seconde de cette soirée ensemble – une soirée que je n'aurais jamais crue possible. Je m'imaginais monter dans le car avec elle pour rentrer à la maison.

Il y avait un petit parc d'attractions sur le front de mer et, nos hot-dogs finis, nous sommes montées sur des manèges. L'espace d'un instant, j'ai tout oublié et je me suis amusée. Puis nous avons acheté une bouteille de vin avant de regagner l'hôtel, où nous avons fini un peu éméchées. J'ai mis de la musique et on a dansé.

À un certain moment, ils ont passé une chanson que je connaissais, et j'ai chanté les paroles en grec. Maman me regardait, assise sur le lit, et, à la fin de la chanson, elle a applaudi en disant que j'étais géniale.

— Tu as une voix magnifique. Je n'arrive pas à croire que tu parles aussi bien grec. Je suis bluffée quand je te vois discuter avec tout le monde. Je vis ici depuis presque aussi longtemps que toi et c'est à peine si je sais dire quelques mots.

— Il suffit de s'exercer, maman, lui ai-je répondu. Quand tu as affaire à des gens – des amis, me suis-je reprise en butant sur le mot – qui ne parlent pas ta langue, tu apprends vite.

J'avais répondu sur un ton détaché, mais, en fait, son compliment m'avait remplie de fierté.

Il devait être deux heures du matin quand un homme a passé la tête par le balcon :

— Hé ! Y en a qui essaient de dormir ! s'est-il écrié. Faites un peu moins de bruit.

Nous étions effectivement très dissipées, et le pauvre monsieur avait toutes les raisons d'être agacé. Mais nous étions soûles, et il n'avait qu'une seule mèche bouclée rebiquant sur son crâne chauve : nous avons été prises d'un fou rire.

Il y avait des lustres que je n'avais pas ri ainsi, que je ne m'étais pas amusée, que je n'avais même jamais eu quelqu'un à qui parler, et j'aurais voulu que cette nuit dure toujours. Nous avons cependant fini par nous endormir. Le lendemain matin, à notre réveil, comme nous avions un peu la gueule de bois, nous sommes allées nous asseoir au soleil sur le balcon pour discuter en fumant des cigarettes et en buvant du café glacé.

Maman a appelé Nikos, puis me l'a passé :

— Il faut que tu viennes nous voir dès que possible, m'a-t-il dit. Pour tes prochaines vacances. D'accord ?

Je lui ai promis de le faire.

Ce soir-là, maman a voulu que je lui montre où je travaillais.

— Je ne veux pas aller là-bas pendant mon congé, ai-je expliqué.

— On ne restera pas longtemps. Je veux pouvoir t'imaginer à ton travail. Et je tiens à rencontrer ton patron.

— J'y passe tout mon temps. Je n'ai pas envie de t'emmener là-bas, ai-je protesté en reprenant le ton de l'adolescente capricieuse qu'il m'était arrivé d'être.

Je détestais ce ton, et le fait de devoir lui mentir.

— D'ailleurs, je t'ai préparé une surprise.

Maman a ronchonné un peu, mais je savais que je l'avais échappé belle. Soudain, elle m'a dit :

— Et si je restais une journée de plus ? J'adorerais passer prendre un café sur ton lieu de travail pendant que tu y es. Qu'en dis-tu ?

On dit que les menteurs les plus convaincants sont ceux qui parviennent à se persuader eux-mêmes qu'ils disent la vérité. Je crois que, dans mon cas, j'étais devenue experte : j'avais toujours pleinement conscience que je mentais (autant à moi-même qu'aux autres), mais c'était un exercice auquel j'étais forcée de recourir au quotidien. Je ne sais plus comment j'ai réussi à convaincre ma mère de s'en tenir à son programme initial, mais je me rappelle très bien que ça m'avait fait de la peine, car je savais que je l'avais blessée.

Ce qui était vrai, en revanche, c'est que je lui avais bel et bien préparé une surprise pour la soirée. Avec ce qu'il me restait des deux cent cinquante euros de Christoph, je l'ai emmenée jusqu'à un port à la sortie de la ville, et nous avons dîné dans un restaurant de poissons. Nous avions commencé par nous balader dans la marina en nous demandant lequel des luxueux bateaux nous achèterions si nous avions quelques millions d'euros de côté. Puis j'étais entrée dans un restaurant pourvu d'un sol en verre et d'une baie panoramique donnant sur la mer.

À peine étions-nous assises qu'il s'est mis à pleuvoir, mais on pouvait tout de même admirer les lumières le long de la côte, et l'eau scintillant sous nos pieds tandis que les vaguelettes léchaient la vitre. N'étant pas encore remises de nos excès de la veille, nous avons décidé de nous passer d'alcool, mais le dîner s'avérait aussi bon que copieux.

À un moment donné, maman m'a regardée et m'a dit :

— J'ai toujours voulu le meilleur pour toi, Megan. Je suis si fière de toi. Tu as réussi. Tu gagnes ta vie en travaillant et tu parles si bien le grec.

J'ai dû prendre sur moi pour conserver mon sourire. Je cherchais désespérément à détourner la conversation avant d'éclater en sanglots et de lui avouer la vérité, quand je me suis souvenue de la photo. Je l'ai sortie de mon sac et l'ai fait glisser sur la table.

— Voilà le café où je bosse, ai-je expliqué. Et là, c'est mon patron.

— C'est un bon patron ? a demandé ma mère en tournant la photo vers la lumière. Ah ! il a une bonne tête.

— Oui, il est très sympa. Il me traite bien. Et les clients aussi sont très gentils. Je reçois des pourboires à la pelle. C'est grâce à ça que j'ai pu t'inviter ici ce soir.

— Je peux la garder ? a-t-elle demandé. Je voudrais la montrer à Nikos et l'épingler au mur du bar.

J'ai hoché la tête pour dire oui, et elle a rangé la photo dans son sac. Je me suis dépêchée de tourner la tête pour qu'elle ne voie pas que je pleurais.

En fin de compte, elle a scanné la photo une fois chez elle et l'a mise sur son portable et sur Facebook en écrivant : *Voici Megan avec son patron au café où elle travaille. Elle est heureuse comme tout et ça marche bien pour elle à Athènes.*

Le lendemain matin, Christoph m'a demandé par texto à quelle heure ma mère repartait et m'a dit de l'attendre au café près de la gare routière après son départ. Malgré cela, j'étais nerveuse et angoissée au moment de dire au revoir à ma mère, car je craignais qu'il soit déjà sur place à m'espionner.

Tandis que maman s'éloignait dans le hall de la gare, une petite voix dans ma tête me disait : « Pourquoi tu ne pars pas avec elle ? Allez, vas-y, monte dans le car. Qu'est-ce que tu veux qu'il fasse avec tous ces gens autour de toi ? » Une vive douleur m'a traversé la poitrine, et, tout à coup, l'idée de voir maman partir en me laissant seule m'a paru insupportable. Mais, alors que je faisais un pas dans sa direction, elle s'est retournée pour me faire un signe, et j'ai lu sur ses lèvres : « Je suis si fière de toi, Megan. » J'ai su alors que je ne pouvais pas lui dire la vérité, car je voulais qu'elle reste fière de moi, et pas qu'elle ait honte. Je me suis forcée à sourire en lui rendant son signe avant de regarder le car démarrer, puis disparaître dans la circulation.

Les seuls bons souvenirs que je garde de ces années à Athènes, ce sont ces deux jours passés avec ma mère. Encore aujourd'hui, quand j'y repense, les larmes me viennent.

J'étais assise au café depuis une petite heure quand Christoph est arrivé. Il nous a commandé des cafés, puis m'a demandé si ma mère avait apprécié son séjour.

— Je dois quitter la ville ce soir, a-t-il expliqué ensuite. Tu vas aller travailler dans un des bordels de la côte pendant mon absence. On boit nos cafés et on va t'acheter ton billet ; ensuite, je te dépose à ton hôtel pour que tu prennes quelques affaires.

Mon autocar est parti tard dans la soirée et est arrivé dans la ville côtière aux premières heures du matin. Si le voyage avait été long et fatigant, il m'avait surtout laissé du temps pour réfléchir (à ma mère et à ce qui se serait passé si j'étais repartie avec elle). Je savais que m'échapper n'avait jamais été une option envisageable, car, où que je sois allée, Christoph aurait fini par me retrouver et par me remettre au pas.

Le tenancier de la maison close m'attendait à la descente du car. Il s'agissait d'un Grec très efféminé prénommé Dimitri. Il a collé sa main sur sa bouche d'un air horrifié en me voyant, et, après m'avoir fait tourner plusieurs fois sur moi-même pour m'examiner, il s'est écrié :

— Oh ! mon Dieu ! Il faut qu'on s'occupe de toi de toute urgence. On va commencer par des extensions capillaires.

— Mais j'en porte déjà, ai-je répondu.

Il a soulevé une de mes mèches entre le pouce et l'index, comme on tiendrait un rat mort par la queue, et rétorqué :

— Je parle de *vraies* extensions. Ensuite, nous t'achèterons de la jolie lingerie. Je ne sais pas où tu as travaillé avant, mais, chez moi, je ne fais pas travailler de souillons. Je tiens un établissement cinq étoiles.

Quatre heures et huit cents euros plus tard, j'avais de nouvelles extensions capillaires et des ongles neufs. Il me semblait que Dimitri avait dépensé une somme folle, mais je supposais qu'il rentrerait vite dans ses frais.

Je n'avais pas vraiment réussi à dormir à bord du car, et, quand l'heure est venue ce soir-là de commencer les passes, j'étais franchement fatiguée. Le bordel « cinq étoiles » de Dimitri s'était avéré en tous points aussi froid, miteux, dégueulasse et oppressant que tous les autres bordels par lesquels j'étais passée. Je travaillais seule et, malgré mon relooking, je n'ai pas rapporté beaucoup le premier soir. En fait, une bonne partie des hommes entraient, puis ressortaient presque aussitôt. De toute évidence, les uns n'étaient pas vraiment intéressés par une relation tarifée ; les autres s'en allaient chercher une fille plus à leur goût dans un des cinquante autres bordels concurrents des environs.

— J'ai l'impression que tous les autres établissements marchent mieux que le mien, m'a sorti Dimitri un peu plus tard. J'en ai marre de changer de filles. Il faut juste que je trouve la bonne et ça ira.

Après deux autres nuits à quarante passes de moyenne par nuit (au lieu des cinquante ou soixante que Dimitri espérait), il a paru évident que je n'étais pas la fille qu'il recherchait, et ma confiance en moi a vraiment touché le fond. C'est une réaction proprement surréaliste que de se sentir laide parce qu'un gros dégueulasse vous regarde et décide qu'il préfère avoir son rapport en cinq minutes avec une autre fille...

Christoph m'appelait chaque nuit, et, bien plus que le fait de me dévaloriser, j'appréhendais sa réaction quand il découvrirait que je ne rapportais pas suffisamment. Mais, en fait, il l'a plutôt bien pris.

— Essaie de faire mieux demain, me conseillait-il. Te prends pas la tête. Tu es nouvelle. Tu feras davantage de clients quand on te connaîtra.

Mais la situation n'a pas évolué, et, quelques semaines plus tard, on m'a remise dans un car à destination d'Athènes.

Christoph est venu me chercher à la gare et m'a déposée dans un hôtel du centre où je n'étais jamais descendue. J'étais de temps à autre escort-girl le jour, et, la nuit, je travaillais dans des bordels.

Un matin de bonne heure, Christoph m'a appelée :

— Je passe te chercher. Fais tes affaires et traîne pas. J'ai les flics sur le dos.

Il paraissait stressé. Aussitôt que j'eus raccroché, je me suis mise à courir aux quatre coins de la chambre comme une poule sans tête, rassemblant mes affaires dans la salle de bains pour les fourrer dans ma valise. Comme je n'avais pas grand-chose, ça n'a pas pris longtemps et, quand Christoph est arrivé, j'étais prête à partir.

Je ne crois pas l'avoir réellement vu furieux avant ce jour. Mais là, dans la voiture, il semblait tendu et c'est à peine s'il me parlait. Quelques minutes plus tard, nous sommes arrivés devant un immeuble d'appartements. Il s'est garé et m'a dit :

— Descends.

J'avais appris depuis longtemps, étant petite, qu'il ne fallait jamais rien dire ou faire qui puisse irriter davantage quelqu'un qui est de mauvais poil. Je l'ai donc suivi en silence le long d'un couloir sale, froid et humide, jusque dans un appartement où cinq jeunes filles terrifiées étaient assises par terre, dans une petite pièce sans air.

— Va falloir que tu restes ici en attendant que la police me foute la paix, m'a expliqué Christoph.

Il a poussé la fille à ses pieds, et elle s'est dépêchée de se décaler pour me faire de la place. La puanteur dans la pièce était suffocante. On avait condamné la fenêtre, mais de minces rais de lumière filtraient par les interstices. À mesure que mes yeux s'accoutumaient à la pénombre, j'ai pu distinguer les visages des cinq filles. La plupart n'avaient même pas levé les yeux quand nous étions entrés.

L'une d'elles pleurait et, quand elle m'a regardée, j'ai vu qu'elle avait le visage enflé et couvert de bleus. Quand il l'a vue, Christoph s'est penché vers elle et s'est mis à la cogner. Le premier coup sur la pommette lui a arraché un cri. Après cela, elle est restée là à subir la raclée sans émettre un son, levant sans conviction un bras devant son visage comme pour bloquer les rayons du soleil, la tête projetée de gauche à droite au rythme des coups.

Quand il s'est arrêté de la frapper, Christoph s'est tourné vers moi et j'ai sursauté. Mais il ne m'a pas touchée. Il m'a arraché mon sac et l'a retourné pour vider son contenu, puis il s'est emparé de mon passeport et de mon téléphone et les a mis dans sa poche avant de se pencher et de me lancer :

— Tu peux encore travailler quelques années, et maintenant, t'es à moi. Compris ?

J'ai hoché la tête.

— Et vous, a-t-il ajouté en s'adressant aux autres filles recroquevillées de terreur, vous êtes rien d'autre que des petites putes. Vous devriez me remercier au lieu de pleurnicher. Vous avez de la chance que je sois là pour vous protéger. Si la police vous trouve, vous irez en prison, et, à votre sortie, on vous renverra d'où vous venez avec un casier. Tentez rien de stupide. Les voisins vous surveillent et j'ai des tas d'amis chez les flics. Vous savez ce qui vous attend si vous essayez de vous échapper.

Visiblement, les filles comprenaient parfaitement ce qu'il leur disait en grec. Elles devaient donc se trouver dans le pays depuis au moins aussi longtemps que moi. Elles ont dû éprouver le même sentiment de désespoir écrasant que moi quand Christoph est ressorti de la pièce en verrouillant la porte.

Tous ces mois passés à Athènes m'avaient enseigné beaucoup de choses sur la peur, et notamment qu'elle prenait plusieurs formes : la peur de la violence, de l'inconnu, celle de prendre une mauvaise décision quand vous savez que votre vie en dépend et que vous êtes piégé dans une situation.

Longtemps après le départ de Christoph, les filles sont restées muettes et prostrées. Je n'osais pas leur parler, car j'étais sûre qu'on nous écoutait. Je craignais également que Christoph ait menti et qu'il ne revienne jamais nous chercher. Encore aujourd'hui, quand j'y repense, mon estomac se noue.

Je suis restée assise un bon moment, les yeux dans le vague et l'esprit quasi vide. Puis j'ai commencé à regarder de plus près les autres filles : la plupart devaient avoir mon âge ou un peu plus. Mais il y en avait une plus petite, recroquevillée en boule, qui pleurait en silence. Tout à coup, j'ai réalisé, choquée et écœurée, qu'il ne s'agissait que d'une enfant, de huit ans tout au plus. Elle était visiblement seule, sans sa mère, et aucune des filles ne levait le petit doigt pour la rassurer.

J'ignore depuis combien de temps j'étais assise contre le mur quand j'ai finalement trouvé le courage de demander à voix basse :

— Est-ce qu'il y a de l'eau ? On a le droit de boire ?

— Ouais, y a un robinet, a répondu une des filles sans me regarder.

Mais je ne me suis pas levée sur-le-champ : j'ai attendu que ma soif soit plus forte que ma peur, puis je me suis aventurée sur la pointe des pieds dans l'étroit couloir jusqu'à la cuisine. J'avais toujours bu de l'eau en bouteille depuis que j'étais en

Grèce. Même à Athènes, où l'eau du robinet est censée être potable, je ne m'étais jamais risquée à la boire, vu le genre d'hôtels où je logeais. Mais, à ce moment-là, j'avais tellement soif que j'aurais probablement bu n'importe quelle eau qui serait sortie de ce robinet crasseux.

De retour dans la pièce, j'ai demandé à l'une des filles si elle savait où était la mère de la petite. Elle m'a fixée un moment sans rien dire, comme si elle hésitait à répondre, puis s'est contentée de hausser les épaules. Les autres ont eu la même réaction.

Un peu plus tard, quand deux d'entre elles ont échangé quelques mots à voix basse, j'ai cru les entendre parler russe, mais, le plus clair du temps, nous restions assises en silence, chacune ressassant ses propres pensées, ou plutôt s'efforçant de ne penser à rien.

Bientôt, comme la lumière entrant par les interstices des fenêtres s'assombrissait, je me suis levée de nouveau pour retourner dans la cuisine. J'ai pris un verre ébréché dans un placard et l'ai rempli d'eau pour le rapporter dans la pièce et le donner à la fillette. Puis je l'ai couchée sur mes genoux et j'ai caressé sa chevelure sale et emmêlée jusqu'à ce qu'elle s'endorme.

Il y avait un lit étroit à cadre métallique dans un coin de la pièce, avec un matelas déformé, mais personne ne l'utilisait. Les filles dormaient à même le plancher, les genoux ramenés contre leur poitrine comme font les enfants. Assise le dos au mur, serrant la fillette dans mes bras, j'ai dû m'assoupir un moment. Quand je me suis réveillée et que je me suis rappelé où j'étais, j'ai songé un instant à crier à l'aide. Comme je n'entendais aucun son susceptible d'étouffer ma voix dans la rue en bas, un voisin finirait forcément par m'entendre et par appeler la police. Mais, chaque fois que j'allais trouver le courage d'ouvrir la bouche, j'entendais la voix de Christoph dans ma tête qui disait : « Vous savez ce qui vous attend si vous essayez de vous échapper. »

J'ai dormi par intermittence pendant les deux ou trois heures qui ont suivi avant d'être réveillée par des bruits de voix. Je somnolais à moitié quand deux hommes sont entrés et ont pris la fillette dans mes bras avant de ressortir. Sur le coup, j'ai regretté de ne pas avoir eu le réflexe de réagir, mais je sais en réalité que, même si j'avais été mieux réveillée, je n'aurais rien pu faire pour les arrêter.

J'ai entendu la fillette crier sur le palier, puis, tout à coup, sa voix s'est assourdie, comme si on lui plaquait une main sur la bouche. Les autres filles sont restées muettes, et je me suis dit qu'elles essayaient peut-être – comme moi – de ne pas imaginer où on l'emmenait. Je n'ai plus jamais revu la fillette. J'ai souvent prié pour qu'elle n'ait pas été exploitée sexuellement et qu'on l'ait ramenée à sa mère. Ou tout au moins que quelqu'un se soit occupé d'elle.

10

En allant chercher de l'eau dans la cuisine, la soirée précédente, j'avais aperçu une baguette de pain sur le plan de travail.

Il était dur, rassis, et couvert de moisissures, mais, comme il n'y avait rien d'autre à manger, tout au long de la journée, nous sommes allées de temps en temps en grignoter quelques bouts, à tour de rôle.

C'était loin de me rassasier, mais ça me donnait au moins l'occasion de me lever et de me dégourdir les jambes.

Le deuxième soir commençait à tomber quand la porte de l'appartement s'est ouverte de nouveau. Cette fois, c'est Christoph qui est entré, suivi d'un autre homme trapu vêtu d'un tee-shirt froissé et d'un jean crasseux. Aucun n'a parlé ; l'homme s'est contenté de nous regarder, puis m'a pointée du doigt.

— OK. Debout, m'a ordonné Christoph. À toi de jouer.

Il montrait le lit dans le coin de la pièce, mais je ne saisissais pas ce qu'il voulait dire. Et puis l'homme a baissé sa braguette, et j'ai compris que Christoph voulait que je couche avec ce mec, là, maintenant, devant toutes les autres filles.

Bizarrement, la première chose que je me suis dite, c'est que je n'avais pas pris de douche depuis deux jours. Mais, apparemment, ce n'était pas un problème pour ce type. Je crois que j'aurais pu sortir d'une fosse à purin qu'il ne l'aurait pas remarqué ; de toute façon, ça ne l'aurait pas gêné. Il m'est monté dessus, il a fait son affaire (sans mettre de préservatif), puis il a remonté son jean avant de ressortir de l'appartement derrière Christoph.

Il y avait belle lurette que je ne comptais plus les choses dégoûtantes que j'avais faites (et qu'on m'avait faites) depuis mon arrivée à Athènes. Des choses dont, pour la plupart, j'ignorais jusqu'à l'existence et que je n'aurais jamais imaginé faire un jour. En comparaison, coucher avec un homme devant d'autres gens était plutôt anodin ; il n'empêche que ça m'avait passablement écœurée.

Ce même soir, Christoph est revenu avec un autre homme, qui a choisi une autre fille. Ensuite, personne n'est plus venu.

Je suis restée quatre jours dans cet appartement, sans nourriture, à boire seulement l'eau du robinet, avant que Christoph ne réapparaisse. Entre-temps, j'étais passée de maigre à squelettique, si bien que ma jupe sale et froissée me tombait des hanches, et la tête n'arrêtait pas de m'élancer, comme si quelqu'un cognait dedans à coups de marteau.

L'horloge dans la voiture de Christoph indiquait que nous étions dans la matinée quand il m'a conduite jusqu'à un hôtel et m'a dit de me doucher, de m'habiller et de me maquiller.

— Fais-toi belle comme un cœur, a-t-il insisté sur son ancien ton amical. Je t'emmène chez un gros client.

Tout ce que je voulais, c'était m'écrouler sur le lit et dormir, mais, dans le monde où je vivais, je n'avais pas mon mot à dire.

C'est peut-être pour ça que je réagis mal aujourd'hui quand on me dit ce que je dois faire : après tout ce temps passé sous contrôle, la colère monte en moi comme la pression dans une cocotte-minute. Si je ne l'évacue pas par moments, j'ai l'impression que je vais exploser.

À l'époque, pourtant, je n'éprouvais jamais de colère. J'étais bien trop épuisée, aussi bien mentalement que physiquement, pour trouver l'énergie nécessaire. Alors, pendant que Christoph – le même homme que j'avais vu quelques jours plus tôt démolir le visage d'une fille – me parlait depuis la pièce d'à côté où il était tranquillement assis, je me suis douchée, habillée et faite, sinon belle, du moins présentable.

Une fois que j'ai été prête, il m'a emmenée dans un fast-food et a commandé un souvlaki au poulet en me disant :

— C'est bien ça que tu aimes, non ?

Mais j'avais beau n'avoir rien mangé depuis quatre jours, c'est à peine si j'ai pu avaler quelques bouchées. Après, il m'a conduite dans une banlieue cossue d'Athènes en expliquant que j'allais rencontrer « un client très spécial ».

Durant le trajet, il m'a détaillé les raisons qui l'avaient poussé à faire profil bas pendant quelques jours. Apparemment, une fille s'était échappée et avait prévenu la police.

— Des gars sont déjà partis en Albanie s'occuper de ses parents. Elle est morte, a-t-il dit en tendant ses deux doigts pour mimer un coup de pistolet.

Tout en feignant d'être scandalisée par la « traîtrise » de cette fille, que je ne connaissais même pas, je me disais au fond de moi que jamais je n'échapperais à l'enfer dont j'étais devenue prisonnière.

Christoph a arrêté la voiture devant un hôtel chic et a prévenu par téléphone le client que nous étions arrivés. Puis il m'a indiqué le numéro de la chambre et a dit qu'il passerait me chercher dans une heure. C'était le genre d'hôtel où mes vêtements bon marché faisaient tache, sans parler de mon aspect squelettique et des cernes sous mes yeux.

C'est donc le cœur battant que je me suis dirigée vers les ascenseurs, mais, à ma grande surprise, et à mon soulagement, personne ne m'a demandé où j'allais. C'est tout juste si on a fait attention à moi.

J'ai frappé à la porte de la chambre, et un homme souriant au physique avenant m'a ouvert presque aussitôt. Il m'a accueillie avec courtoisie. Instinctivement, je me suis sentie en sécurité, et je me rappelle avoir regretté qu'il ne m'ait pas demandée pour plus d'une heure, histoire de repousser le moment où je devrais réintégrer le monde sordide d'où je venais.

Je prenais toujours une douche avant et après la passe, et, dans de beaux hôtels comme celui-ci, j'aimais m'attarder quelques minutes sous le jet d'eau chaude puissant avant de m'envelopper dans une serviette douce et propre. Quand je suis sortie de la salle de bains, l'homme a souri et m'a dit :

— Viens par ici.

Puis il a doucement défait la serviette et l'a laissée tomber au sol.

— Tu es une des plus belles filles qu'il m'ait envoyées, a-t-il dit en souriant de nouveau et en me détaillant. C'est bon, tu peux remettre ta serviette.

Là, il a glissé la main dans sa veste et sorti son portefeuille avant de me tendre de l'argent. Je me retournais pour ranger les billets dans mon sac quand il a déclaré :

— Tu es en état d'arrestation.

Il m'a fallu un moment pour réaliser ce qu'il venait de dire. Je me suis alors mise à pleurer.

— S'il vous plaît, ne me faites pas de mal, l'ai-je supplié. Tenez, reprenez votre argent, ai-je insisté en lui replaçant les billets dans la main.

— Trop tard. Tu les as déjà acceptés. Range-les dans ton sac et rhabille-toi.

J'ai remis ma jupe et mon haut, puis je lui ai demandé en pleurant :

— Qu'est-ce qui va m'arriver ?

— Écoute, a-t-il dit en m'attrapant par le bras pour me faire sortir de la chambre devant lui. Dis juste la vérité et tout ira bien. C'est pas toi qui nous intéresses. On veut juste que tu nous parles de l'homme qui t'a conduite ici. Tu as compris ?

J'ai hoché la tête tristement.

— Alors, tu es disposée à dire la vérité ?

— Oui, ai-je répondu. Oui, bien sûr.

— Dans ce cas, tu n'as rien à craindre.

Je ne comprenais toujours pas ce qui s'était passé. Christoph avait téléphoné à cet homme depuis la voiture. Christoph m'avait-il tendu un piège ? Ça ne tenait pas debout, en particulier si l'homme ne s'intéressait pas à moi comme il venait de le dire. Mais si Christoph ne m'avait pas piégée et que j'aidais la police à le faire tomber… J'entendais déjà sa voix dans ma tête : « Des gars sont déjà partis en Albanie s'occuper de ses parents. Elle est morte. » Soudain, même si j'avais très peur de ce que la police pouvait me faire, j'ai réalisé que j'avais encore plus à craindre de Christoph.

En entrant dans le hall, le policier a adressé un signe de tête à la réceptionniste, comme pour la remercier, et j'ai compris pourquoi elle m'avait à peine prêté attention à mon arrivée et ne m'avait pas posé de questions. Ce n'était pas parce que j'étais passée inaperçue au milieu de tous ces clients bien habillés ; elle savait très bien ce que j'étais et ce qui allait m'arriver. Bizarrement, plus que les ennuis qui m'attendaient ou le fait de traverser le hall de l'hôtel menottes aux poignets, c'était surtout cette pensée qui me faisait rougir de honte.

Au moment de sortir, on a entendu une voiture qui tentait de démarrer et des gens qui criaient. Je me suis arrêtée et j'ai voulu reculer, mais le policier a resserré son étreinte sur mon bras.

Dehors, la rue grouillait de policiers. La voiture de Christoph était garée au même endroit qu'un peu plus tôt, mais les portières étaient grandes ouvertes. Tout à coup, j'ai vu Christoph. Il hurlait et crachait en direction des trois policiers qui l'entraînaient vers l'hôtel.

Je suis sortie au milieu de cette scène irréelle, avec l'impression d'être sur un plateau de tournage ou de vivre un mauvais rêve.

Les policiers avaient, semble-t-il, dû s'y mettre à plusieurs pour intercepter Christoph au moment où il était sorti de sa voiture pour se sauver (des ouvriers de chantier travaillant près de l'hôtel leur avaient même prêté main-forte). Des coups de feu avaient été tirés, et il avait fallu trois policiers pour le maîtriser et le faire entrer dans la voiture de police tandis qu'il se débattait et les insultait. On m'a fait monter dans une voiture à côté de la sienne. Quand j'ai levé les yeux, il m'a fait un clin d'œil et j'ai lu sur ses lèvres : « Ça va aller. »

J'avais beaucoup de mal à le croire.

Ils nous ont conduits, séparément, dans un commissariat situé à une dizaine de minutes de l'hôtel et nous ont fait asseoir dans une salle d'attente, côte à côte, pendant qu'ils vaquaient à leurs affaires. Le policier à l'accueil, à l'autre bout de la pièce, paraissait totalement indifférent à ce que nous pouvions nous dire.

— Ça va ? m'a demandé Christoph à voix basse.

Quand j'ai menti et répondu que oui, il m'a regardé droit dans les yeux et dit à voix haute :

— Je comprends pas ce qui se passe. Qu'est-ce que t'as fait ? Pourquoi les flics t'ont arrêtée ? Je suis désolé pour toi si t'as des problèmes, mais je ne te connais pas, moi. Tout ce que j'ai fait, c'est te déposer à l'hôtel parce que mon pote me l'avait demandé.

Je lui ai adressé un petit signe de tête pour indiquer que j'avais compris ce qu'il attendait de moi :

il voulait que je prenne tout sur mon dos et que je dise qu'on ne se connaissait pas.

Il paraissait tout à fait détendu, comme si jouer le rôle de l'innocent accusé à tort l'amusait. S'il s'inquiétait de savoir ce que j'allais dire à la police, il n'en montrait rien. Il n'avait d'ailleurs pas à s'en faire : j'avais parfaitement reçu le message et j'étais disposée à lui obéir, quelles que soient les conséquences pour moi.

Nous étions au commissariat depuis une demiheure quand la femme de Christoph est arrivée avec un masque et une bouteille d'oxygène. Elle a expliqué quelque chose au policier en faction, que je n'ai pas très bien compris, mais qui l'a de toute évidence convaincu, car il l'a autorisée à apporter le masque et la bouteille à son mari.

Peut-être Christoph avait-il vraiment un problème au cœur ou pour respirer ? Ou peut-être que ce n'était qu'une excuse pour entrer en contact avec lui ? Toujours est-il qu'elle me fusillait du regard comme si moi, elle m'aurait volontiers *empêchée* de respirer. Une fois qu'elle fut partie, on nous a conduits, Christoph et moi, dans des cellules séparées.

Il y avait douze autres femmes dans ma cellule, et je sentais leurs regards curieux posés sur moi tandis que le policier déverrouillait la grille. J'étais si terrifiée et si déboussolée que je ressentais ce qu'on doit sans doute éprouver quand on sort de son propre corps.

Mais en fait, la plupart des femmes se sont montrées amicales et sont venues me parler. Comble de l'ironie, moi qui désespérais de trouver une oreille à qui me confier, je voyais mon vœu s'exaucer dans une cellule de commissariat.

Certaines de mes codétenues étaient des prostituées. Quand l'une d'elles m'a demandé pourquoi on m'avait arrêtée et que je lui ai expliqué en deux mots ce qui s'était passé, elle a murmuré avec conviction :

— Quoi que tu fasses, ne dis jamais rien. Ne raconte pas aux flics ce que tu viens de m'expliquer. Crois-moi, j'ai l'habitude. La seule manière de survivre, c'est de la boucler.

Je savais qu'elle disait vrai.

Parce que Christoph me parlait souvent sur un ton amical, je pense que j'avais fini par le croire quand il disait qu'il m'aimait bien. Pourtant, les menaces qu'il avait proférées contre l'Albanaise et la raclée qu'il avait administrée à la fille dans l'appartement avaient fait en sorte que mes illusions sur son compte s'étaient vues sinon détruites, tout au moins sérieusement ébranlées. Je savais qu'il nierait bec et ongles, et que, s'il avait des ennuis par ma faute, il s'en prendrait à moi exactement comme il s'en était pris aux autres filles.

Je commençais à comprendre que, pour sauver la peau de Christoph, et ainsi m'éviter des représailles, j'allais devoir assumer la pleine responsabilité d'avoir exercé la prostitution en tant que mineure. J'en ignorais les implications et les conséquences, mais j'avais très peur de ce qui m'attendait.

Il y avait une petite fenêtre à barreaux en haut d'un des murs de la cellule, et, à l'heure où la nuit est tombée, certaines des filles s'étaient déjà endormies sur les matelas minces et durs jetés sur le sol. J'avais beau être épuisée, je savais que je ne réussirais pas à dormir, et j'étais donc assise sur le banc en bois attenant au mur quand deux jeunes Albanaises (sans doute guère plus âgées que moi) ont été conduites en cellule, en larmes.

J'ai parlé à l'une d'elles en albanais, et elle m'a demandé :

— Qui est Christoph ? Pourquoi la police nous pose des questions sur un homme appelé Christoph ?

Tous les avertissements et les menaces que j'avais reçus (de Jak, puis Léon, Roberto et finalement Christoph) m'avaient rendue parano, et ma première pensée a été qu'il s'agissait d'un piège. Ces deux filles avaient peut-être été placées en cellule (par la police, voire par Christoph lui-même) pour vérifier si je m'apprêtais à parler... J'ai haussé les épaules et répondu que je ne connaissais aucun Christoph.

Ce n'est qu'un peu plus tard, quand un policier est entré dans la cellule et a commencé à les interroger, que j'ai compris qu'elles n'avaient pas été envoyées pour me piéger. J'ai pu reconstituer leur histoire : apparemment, l'Albanaise qui s'était échappée, poussant Christoph à m'enfermer pendant quatre jours avec cinq autres filles et une enfant dans un appartement, et dont les jours étaient comptés, était allée trouver la police. C'est en repérant le numéro de Christoph sur le téléphone de la fille qu'ils l'avaient appelé pour organiser le piège à l'hôtel.

Après avoir arrêté Christoph, ils avaient saisi tous les téléphones qui se trouvaient dans sa voiture et découvert dans l'un d'eux des textos évoquant l'arrivée de deux Albanaises le jour même à la gare ferroviaire d'Athènes. Des policiers étaient donc allés les récupérer à la descente du train. Les deux filles n'avaient vraisemblablement eu aucune idée de ce qui se tramait. Elles avaient sans doute quitté l'Albanie folles d'enthousiasme à l'idée de gagner correctement leur vie à Athènes en tant que serveuses. Au lieu de cela, elles passaient la nuit sur un matelas dans une cellule de commissariat.

J'espérais sincèrement que tout rentrerait dans l'ordre pour elles et que la police se rendrait compte qu'elles n'avaient rien à voir dans tout cela. Elles avaient eu une sacrée chance, en fait. Je crois qu'elles étaient loin de s'imaginer ce qui les aurait attendues si Christoph n'avait pas été arrêté ce jour-là et qu'il soit allé les cueillir à la descente du train au lieu des policiers. Une nuit dans une cellule de commissariat était un prix modique à payer pour échapper au sort qui leur était réservé.

De temps en temps au cours de la nuit, un des policiers nous demandait si nous voulions manger ou boire quelque chose. J'avais atteint le stade où l'on a tellement faim qu'on ne peut rien avaler, mais j'ai tout de même bu un peu d'eau.

Puis je me suis couchée sur un des matelas, j'ai rabattu sur moi une couverture râpée et j'ai essayé de dormir. J'ai dû m'assoupir un moment. À mon réveil, j'ai discuté avec une autre Albanaise, prénommée Flori, qui attendait d'être expulsée.

Elle allait devoir laisser ses deux enfants en Grèce avec la famille de son mari et pleurait chaque fois qu'elle parlait d'eux. J'étais immensément triste pour elle, et cela m'a rappelé, une fois de plus, qu'aussi noire que soit votre situation, il y a toujours pire que vous.

Flori et moi discutions à voix basse, assises l'une à côté de l'autre (je crois bien que toutes les autres avaient fini par s'endormir), quand un des policiers a ouvert la grille et est entré dans la cellule. Durant un moment, lui et son collègue resté en dehors ont commencé à bavarder avec nous, à plaisanter. Puis celui qui était entré dans la cellule a dit :

— Vous êtes vachement sexy. Allez-y, prenez des poses.

J'avais eu très peur lors de mon arrestation, et je continuais à avoir peur, car je ne savais pas ce qui allait se passer les jours suivants.

Mais, en même temps, je me sentais en sécurité au commissariat ; aussi ai-je été choquée et troublée quand j'ai réalisé qu'il ne plaisantait pas.

Flori et moi avons refusé d'une seule voix, et, soudain, le comportement du policier a changé du tout au tout.

— Debout ! Allez, debout ! a-t-il crié. Posez les mains sur le mur et écartez les jambes.

J'ai entendu les autres filles, réveillées par les cris, ronchonner, mais, quand l'une d'elles a marmonné quelque chose, le policier s'est retourné et lui a ordonné de se taire.

Les paumes contre le mur de pierre humide, je sentais mon cœur battre à tout rompre. Et là, pendant que le policier nous tripotait, son collègue a pris des photos avec son téléphone, et tous deux se sont mis à rire en disant des choses dégoûtantes.

Les autres filles devaient être habituées, car la plupart ont tiré leurs couvertures crasseuses au-dessus d'elles pour se rendormir. Pour moi, en revanche, c'était une secousse de plus qui ébranlait le sol sous mes pieds ; une autre illusion naïve détruite. J'avais été idiote de croire qu'il puisse y avoir un endroit où une fille comme moi (une prostituée dont personne ne se souciait) puisse être en sécurité. J'ai donc fait ce que je faisais toujours dans de telles circonstances : j'ai pensé à ma mère et regretté de ne pas être auprès d'elle tout en remerciant le ciel qu'elle ne me voie pas en ce moment.

Le lendemain matin, on m'a conduite au tribunal, menottée, à bord d'une voiture de police et accompagnée par trois policiers aimables et rassurants qui me répétaient que tout irait bien tant que je dirais la vérité.

Je ne cessais de me demander comment j'en étais arrivée là. Comment une écolière un peu rebelle, qui tentait d'attirer l'attention de sa mère en séchant les cours, avait-elle pu devenir prostituée et finir à l'arrière d'une voiture de police en route pour le tribunal à Athènes ? Certes, je m'étais parfois montrée capricieuse et difficile, mais avais-je vraiment été si mauvaise, au point de mériter cette vie pitoyable ? Je ne le croyais pas. Mais je savais que j'avais probablement tort : d'une manière ou d'une autre, ce qui m'était arrivé devait sans doute être ma faute.

Quand je suis entrée dans la salle d'attente du tribunal avec les trois policiers, Christoph était déjà là. Il a levé les yeux et hoché la tête presque imperceptiblement. Il s'est alors tourné vers l'homme au costume bien coupé à ses côtés et lui a murmuré quelque chose. Un des policiers m'a ôté les menottes et m'a dit :

— Reste plus qu'à attendre. On ne sait pas quand ton affaire passera, mais, dès qu'on t'appellera, on entrera avec toi. Et lui aussi, a-t-il précisé en montrant Christoph d'un geste de la tête.

Puis il a ajouté d'un ton méprisant :

— Avec son avocat.

Quand notre affaire a été appelée et que je me suis levée pour entrer, Christoph s'est approché derrière moi et m'a chuchoté :

— Peu importe ce qu'ils disent, ils ne peuvent pas prouver que tu me connais. Dis-leur juste que je t'ai déposée en voiture à l'hôtel pour rendre service à un mec que tu connais, mais dont t'as oublié le nom. Dis-leur que tu n'as jamais rencontré l'homme qui te fait travailler, que tu lui parles seulement au téléphone.

Nous nous tenions côte à côte dans la salle d'audience : les trois policiers, moi, Christoph, son avocat, et les deux Albanaises terrifiées et totalement perdues qui étaient passées à un cheveu de tomber dans la prostitution. On nous a demandé de décliner nos noms, puis la juge m'a posé une question en grec. Je n'ai pas très bien saisi ce qu'elle me demandait, en partie parce que l'avocat de Christoph a commencé à parler avant qu'elle termine. La juge lui a ordonné de se taire, puis elle m'a regardée et a répété :

— Oui ou non ? La question est simple.

— Oui, ai-je dit.

Soudain, tous les yeux dans la salle se sont tournés vers moi. Quand j'ai lancé un regard inquiet vers Christoph, j'ai vu qu'il était à deux doigts de céder à la panique. Quant à son avocat, il me fusillait du regard.

— Faites évacuer la salle, a demandé la juge.

Je m'apprêtais à sortir avec les autres quand elle a pointé son doigt vers moi en disant :

— Non, pas vous. Vous, vous restez.

Avant de franchir la porte, Christoph a tourné la tête vers moi et m'a décoché un regard furieux ; sa mine menaçante m'a glacé le sang.

Une fois la salle vide, je me suis adressée à la juge :

— Je crois que je n'ai pas bien compris la question. Pourriez-vous parler en anglais ?

Elle a dû croire que j'étais stupide et que j'aurais tout autant de mal à comprendre la question dans ma propre langue, car elle m'a demandé en détachant ses mots :

— Je vous ai demandé si vous aviez été forcée à vous prostituer, et vous avez répondu oui.

— Oh non ! Non, c'est faux, ai-je protesté en essuyant mes mains moites sur ma jupe froissée. Non, non. Excusez-moi. Je ne peux pas croire que j'aie dit ça.

Elle m'a dévisagée un moment d'un regard froid, puis elle a fait claquer sa langue d'un air irrité et a demandé en soupirant à l'huissier de laisser revenir tout le monde. J'ai braqué les yeux vers Christoph quand il est entré dans la salle, priant pour qu'il comprenne, à mon expression, que j'étais désolée.

La juge a expliqué que j'avais mal compris la question, et j'ai ensuite raconté comment je m'étais retrouvée dans une voiture avec « un homme que je ne connaissais pas ».

Elle a alors demandé à Christoph pourquoi la police avait retrouvé des milliers de préservatifs dans le coffre de sa voiture, ainsi que dix mille euros, de nombreux passeports de femmes dans la boîte à gants, et un petit arsenal sous le siège conducteur.

— Je ne peux pas répondre à cette question, a répondu Christoph, qui avait clairement recouvré son assurance, parce que ça n'est pas ma voiture. Je l'ai empruntée à un ami dont je n'ai plus de nouvelles depuis un moment.

— Et comment s'appelle cet ami ?

Au ton de sa question, on devinait que la juge savait déjà qu'il lui sortirait un nom fictif.

Quelques minutes plus tard, la séance a été ajournée, et Christoph et moi avons été reconduits séparément au commissariat.

Je l'ai vu brièvement de retour sur place. Nous nous sommes croisés dans le couloir, et il m'a adressé un regard d'avertissement. On m'a alors emmenée dans un petit bureau, où quatre policiers ont commencé à me bombarder de questions. Ils se montraient vraiment très insistants, espérant sans doute que je finisse par faire une gaffe et leur dire ce qu'ils voulaient savoir.

— Tu le connais, pas vrai ? m'a demandé un des policiers. Pourquoi tu ne nous dis pas la vérité ? Tu le connais, et c'est *lui* qui te fait bosser. Il t'exploite, pas vrai ? Réponds.

— Je ne le connais pas, ai-je affirmé. Il m'a juste déposée en voiture.

— Alors, si tu travailles à ton compte, tu dois avoir de l'argent de côté. Combien tu gagnes ? Combien tu as économisé ? Comment tu dépenses ton fric ?

— Je dépense tout ce que je gagne. J'achète des fringues, je sors. C'est pour ça que je n'ai pas d'économies. J'aime bien mon travail. Je veux juste qu'on me laisse tranquille.

J'étais presque fière d'avoir tenu tête aux policiers et réussi à protéger Christoph, même si, en mentant et en refusant de répondre à leurs questions, je condamnais toute tentative de leur part de m'aider. Mais, après la façon dont les deux policiers nous avaient traitées, moi et la fille d'Albanie, la nuit dernière, je me disais que je ne pouvais faire confiance à personne.

Je pensais en fait que tout cela n'était qu'un test. Christoph m'avait plusieurs fois répété qu'il avait des contacts dans la police, et j'étais (presque) certaine que, si j'avouais quelque chose, ils l'en informeraient et qu'il enverrait quelqu'un tuer ma mère avant de me tuer, moi. J'étais convaincue que le conseil de la prostituée, la nuit précédente, était bon, et que la seule manière de survivre était de ne rien dire. Alors, je m'en suis tenue à mon récit et j'ai répondu à leurs questions sans rien divulguer.

Même s'ils me bombardaient de questions, je crois qu'au début, les policiers cherchaient à me faire comprendre qu'ils étaient de mon côté. Mais, le temps passant, ils ont fini par perdre patience et par s'énerver. Tout à coup, l'un d'eux s'est levé de sa chaise et m'a dit :

— Viens avec moi.

Je suis sortie de la pièce et l'ai suivi dans le couloir. J'ai entendu un bruit sec, comme quelque chose qu'on cassait, et, quand il a ouvert une autre porte, j'ai vu Christoph. Il était assis sur une chaise, le buste penché en avant, et un homme lui assénait une série de gifles. J'ai poussé un petit cri, et le policier s'est redressé pour s'étirer le dos. Quand Christoph a tourné la tête et m'a regardée, j'ai senti monter en moi un élan de sympathie pour l'homme affaibli et amoché devant moi.

Cela peut paraître absurde, je sais, d'avoir de la peine pour un homme qui me louait plusieurs fois par jour au premier mec prêt à payer quelques euros pour coucher avec moi. Mais, aussi improbable que ça puisse sembler, il arrive, quand absolument personne ne se soucie de vous, qu'on s'attache à la seule personne qui vous adresse parfois un mot gentil.

Je me sentais également coupable, parce que je me disais que ce qu'on faisait à Christoph était ma faute.

— S'il vous plaît, dites-leur d'arrêter de le frapper, ai-je dit au policier qui m'avait conduite dans le bureau. Il n'a rien fait de mal. Il faut me croire. Je le connais à peine. Il a simplement rendu service à un ami en me déposant à l'hôtel.

Le policier n'a rien répondu. Il s'est contenté de ressortir et de m'emmener dans un troisième bureau plus exigu, un peu plus loin dans le couloir. Un de ses collègues nous y a suivis, et, soudain, j'ai eu terriblement peur, car j'étais certaine qu'ils allaient se débrouiller, par je ne sais quel moyen, pour me faire avouer.

Au lieu de faire comme dans les films, le policier a simplement sorti une bouteille d'un placard et posé un verre devant moi sur la table. Il y a versé du whisky et m'a dit :

— Tiens, bois ça. Ça t'aidera à te calmer.

Le fait de voir Christoph battu et diminué alors que j'étais habituée à le voir fort et en pleine possession de ses moyens m'avait perturbée et fichu un coup. J'ai fondu en larmes. En fait, je crois que j'ai passé une bonne part de mon temps au commissariat à pleurer. Alors, même si je détestais le goût de l'alcool, j'ai porté le verre à mes lèvres et bu une gorgée de whisky.

— Bois davantage, m'a ordonné le policier en me prenant le verre et en me soulevant vigoureusement le menton pour m'obliger à boire. Bois ! Je te promets que tu vas parler. Il faut qu'on sache la vérité.

Puis il m'a collé le verre dans la main. À peine l'avais-je vidé qu'il l'a de nouveau rempli.

— On a besoin que tu nous dises la vérité, a expliqué l'autre policier d'un ton dur mais calme. Il y a longtemps qu'on court après cet homme. Il faut impérativement qu'on l'empêche de nuire. C'est pas ce que tu veux, toi aussi ? Il suffit qu'une personne parle et on pourra le faire tomber. Après ça, tout sera fini.

Je ne sais pas si c'est le whisky qui a transformé ma peur en panique, ou si les scrupules que j'avais en pensant aux filles qui étaient peut-être toujours enfermées dans l'appartement ont fini par prendre le dessus, mais, tout à coup, j'ai éclaté en sanglots.

— Il y a d'autres filles, ai-je lâché, les mots sortant de ma bouche par chapelets, comme s'ils cherchaient à s'échapper avant que je ne change d'avis. Il y a d'autres filles qui ont besoin d'aide, je les ai vues : elles sont enfermées dans un appartement. Il y avait aussi une petite fille, c'était encore une enfant, mais des hommes sont venus et l'ont emmenée. S'il vous plaît, il faut que vous les aidiez.

Un des policiers a posé sa main sur mon épaule, et je l'ai vu échanger avec son collègue un regard de triomphe silencieux, qui a disparu dès que j'ai ajouté d'une voix vide :

— Mais lui je ne le connais pas. Je ne sais pas qui c'est.

C'était comme si on avait actionné un interrupteur dans ma tête et que, d'un coup, mon sentiment avait basculé de la culpabilité à la peur – peur de ce qui nous attendait, moi, les autres filles prisonnières de cette spirale désespérée et, paradoxalement, Christoph. Il n'y avait rien que je désirais plus que de lui échapper, car, quoi qu'aiment à penser certaines personnes, aucune fille saine d'esprit ne voudrait vivre de son plein gré le genre de vie que je menais. Je n'avais réussi à survivre jusqu'ici qu'en enfermant mes émotions dans une boîte dont j'avais jeté la clef. J'avais peur, pas seulement à cause de Christoph, mais aussi parce que lui et les autres trafiquants à qui il m'avait achetée m'avaient tant et si bien lessivé le cerveau que j'ignorais complètement ce qui m'arriverait si j'étais remise en liberté.

Il y a cependant une chose que j'avais comprise : que je dise la vérité ou que je mente, j'étais perdante. Si Christoph allait en prison à cause de mon témoignage, il enverrait un de ses complices s'en prendre à moi et, plus grave encore, à ma mère. Si je ne disais rien à la police, je condamnais à une vie de misère et de maltraitance les filles qu'il avait déjà mises sous sa coupe et toutes celles qu'il duperait. La responsabilité était immense, le choix, impossible. Au final, ce qui a fait pencher la balance, c'est l'idée qu'il puisse arriver quelque chose à ma mère.

Les deux policiers ont continué à me mitrailler de questions pendant ce qui m'a semblé des heures, et je m'en suis tenue à ma version, jusqu'à ce qu'ils finissent par me renvoyer en cellule.

Le lendemain, ils nous ont relâchés, et, tandis que je quittais le commissariat en compagnie de Christoph, il m'a donné cinquante euros en disant :

— T'es une brave petite. Rentre à l'hôtel. Je t'appellerai.

11

J'ai pris un taxi pour rentrer à l'hôtel, où je me suis douchée avant d'aller m'asseoir sur le lit. Je ne savais pas quoi faire, ni ce qui allait se passer. Mais je n'ai pas eu longtemps à attendre : le soir même, Christoph a appelé pour me dire que tout était rentré dans l'ordre et qu'il passait me récupérer.

Alors qu'il me conduisait jusqu'à un bordel, il m'a répété que j'étais une « brave petite ».

— Tu es intelligente, a-t-il dit. Tu n'es pas comme les autres filles. Toi, t'es spéciale. Je sais que je peux te faire confiance. Je t'aime, tu sais.

Il aurait fallu être folle pour le croire... ou avoir si peu d'estime de soi et tant besoin d'affection qu'on en accueille bras ouverts une marque de réconfort aussi pitoyable.

Je ne sais pas comment les choses se sont soldées avec la police. Christoph m'a expliqué plus tard que l'audience au tribunal avait été ajournée, et puis je n'en ai plus entendu parler. Après cela, je suis restée un moment escort-girl. Je travaillais dans quatre bordels, chaque nuit un différent, et occasionnellement aussi en journée. Comme ils étaient tous proches de l'hôtel où je logeais, bien souvent, j'y allais à pied et j'en revenais également à pied le lendemain matin.

Christoph m'offrait des plats à emporter et m'appelait régulièrement. Quand je n'étais pas en train de dormir ou de travailler, je restais dans ma chambre d'hôtel miteuse et j'envoyais des textos à ma mère.

Même si, en apparence, les choses étaient revenues assez vite à la normale (ou du moins à ce que j'avais appris à considérer comme « la normale »), je n'ai pas tardé à noter un changement.

— Qu'est-ce qui t'arrive ? m'a demandé Christoph un matin. Tu rapportais trois mille euros par jour il y a un temps, et maintenant t'es loin du compte.

— Peut-être que les gens n'ont plus de quoi payer, ai-je répondu. Je fais de mon mieux.

— Regarde-toi !

Il m'a pris le menton et m'a relevé la tête brusquement.

— Tu as de ces valises sous les yeux. Il faut dormir davantage. Combien de fois je t'ai répété qu'il fallait dormir quand tu travailles pas, au lieu de perdre ton temps à faire je ne sais quoi ? T'as qu'à prendre une douche quand tu te réveilles, ou au travail quand c'est calme. Allez, Megan. Faut m'améliorer ça.

Peu de temps après, il m'a conduite dans une petite ville à plusieurs kilomètres d'Athènes et m'a laissée dans un bordel, au bord d'une route qui en comptait une dizaine d'autres. Il revenait deux fois par semaine récupérer l'argent que j'avais gagné, et, parfois, la tenancière me disait :

— On va garder l'argent du prochain client pour nous deux, sans rien dire à Christoph.

Mais elle avait beau être sympa avec moi, je craignais qu'il s'agisse d'un piège. Alors, je répondais immanquablement :

— Je ne peux pas. Je dois rester loyale.

À quoi cet argent m'aurait-il servi de toute façon ? Un jour, la femme m'a dit :

— Christoph vient d'appeler. Il a dit que, dorénavant, je devais annoncer aux clients une « offre sans capote » pour vingt euros de plus.

Je ne savais pas grand-chose sur le sida, à l'époque, et encore moins sur les autres maladies sexuellement transmissibles, mais j'en savais suffisamment pour être horrifiée à l'idée d'avoir des rapports non protégés avec le genre d'hommes qui fréquentaient les maisons closes. Il m'était déjà arrivé de devoir le faire, mais pas dans le cadre d'une « offre » régulière, pour gagner vingt euros de plus qui ne finiraient même pas dans ma poche.

Même s'il me frappait parfois, Christoph n'était pas aussi violent que Jak l'avait été. Ce n'est donc même pas la peur qui m'a empêchée de lui dire que je ne voulais pas. Seulement, je vivais à Athènes depuis plus de quatre ans et j'étais si habituée à faire ce qu'on me disait que j'ai simplement accepté la chose en me disant que je n'avais pas le choix : je ne choisissais ni le client, ni les conditions du rapport, ni rien du tout. J'étais cependant très inquiète, et l'avenir allait me donner raison.

Je logeais et travaillais dans ce bordel depuis quelques semaines quand Christoph est arrivé une nuit, à deux heures, pour me reconduire à Athènes. Je m'étais endormie dans la voiture lorsque Christoph m'a réveillée : il avait arrêté la voiture sur le bas-côté et ouvert son pantalon. Une fois que je lui ai fait ce qu'il m'avait demandé, il a commencé à m'embrasser en me répétant combien j'étais spéciale et combien il m'aimait.

Il y avait des mois que je n'avais plus de nouvelles de Jak. J'étais déjà vulnérable à l'époque où j'avais rencontré Christoph, et encore bien plus faible et fragile émotionnellement.

Christoph était considérablement plus âgé que mon propre père et il me prostituait sans limites. Mais j'étais seule, je manquais terriblement d'affection et j'avais envie de croire que quelqu'un tenait réellement à moi.

Après cela, il ne s'est pas passé un jour sans que Christoph couche avec moi. Il ne mettait jamais de préservatif et, souvent, il me giflait et me tirait les cheveux si fort que j'avais l'impression qu'il allait me les arracher et que ma nuque allait se briser. Quelquefois, il me disait après :

— C'était nul. Tu ne m'as pas excité. C'est quoi, ton problème ? Tu ne m'aimes pas ?

Le plus triste était que si, justement, je l'aimais. C'est ce que j'ai tant de mal à comprendre aujourd'hui. C'est juste que je n'aimais pas *coucher* avec lui, pas plus que je n'aimais coucher avec Jak.

Les crampes d'estomac qui accompagnaient jusqu'à présent mes règles ayant plus ou moins disparu, je n'ai pas compris quand, quelques semaines après mon retour à Athènes, j'ai commencé à ressentir des douleurs au ventre bien plus fortes que celles que j'avais à l'époque. Le temps que je réalise qu'elles n'étaient pas cycliques, mais quasiment quotidiennes, une sensation de brûlure était venue s'y ajouter, comme si j'avais les reins en feu. La douleur a fini par se faire si vive que je devais mettre en suspens ce que je faisais quand elle survenait pour me recroqueviller sur moi-même et serrer mes genoux contre ma poitrine.

Une telle crise s'est produite un soir où Christoph me conduisait au travail. J'ai soudain eu envie de vomir et je me suis mise à frissonner.

Quand je lui ai dit que j'avais mal, il a tourné la tête et m'a allongé un coup de poing au visage avec une telle force que j'ai cru m'être coupé la langue. Sa réaction m'avait tellement choquée que, lorsqu'il m'a attrapée par le menton pour me tourner la tête vers lui, j'ai cligné les yeux et je me suis faite toute petite, certaine qu'il allait de nouveau me frapper. Au lieu de cela, il m'a observée une poignée de secondes, puis a dit :

— On ira voir le toubib demain matin pour te faire examiner.

J'ai tout de même dû aller travailler ce soir-là, malgré mes douleurs. La tenancière de la maison close m'a donné des antalgiques, qui n'ont pas servi à grand-chose. En fait, je me demande même comment j'ai pu réussir à avoir le moindre rapport sexuel : beaucoup parmi les hommes qui venaient au bordel étaient brutaux, mais, cette nuit-là, il m'a semblé qu'ils l'étaient plus encore. Je ne sais pas comment j'ai fait, mais j'ai survécu à cette nuit, et, le lendemain, Christoph m'a conduite chez le docteur.

En venant me chercher ce matin-là, il m'a dit :

— Tu vas devoir faire une prise de sang, un test urinaire et un examen gynécologique.

Je ne disposais que du certificat de santé standard requis par les autorités grecques pour tous les visiteurs, et je pensais que Christoph voulait que je fasse ces examens afin d'obtenir les papiers nécessaires pour travailler dans une maison close. Seulement, je n'avais que dix-huit ans, et l'âge légal en Grèce pour exercer la prostitution était de vingt et un ans.

Une fois toutes les analyses faites, Christoph m'a conduite dans une autre ville pour y travailler dans un autre bordel. Nous avons récupéré la tenancière en chemin, une femme d'aspect rude et à un stade de grossesse avancé nommée Kyra, qui faisait à peine attention à moi, mais discutait en revanche avec Christoph comme si elle et lui étaient de vieux amis. Quand Christoph a arrêté la voiture devant l'établissement (une maison sur la grand-rue de la ville), Kyra est descendue, elle a soulevé sa robe et uriné là, sur le trottoir, à la vue des automobilistes. C'est à ce moment que j'ai commencé à suspecter que son établissement ne serait peut-être pas un « cinq-étoiles » comme celui de Dimitri était censé l'être.

Kyra m'a fait faire le tour des lieux, puis elle et Christoph m'ont accompagnée jusqu'à l'appartement où j'allais habiter. Christoph est parti et, durant les semaines suivantes, Kyra passait me chercher le matin ou le soir, en fonction de mes heures de travail, et me conduisait au bordel, où, en l'espace de quinze heures, j'effectuais entre quatre-vingts et quatre-vingt-dix passes. Pour le reste, ça ne différait pas beaucoup des autres endroits : le bâtiment était glauque et délabré, les hommes se ressemblaient presque tous, et Kyra différait peu des autres tenanciers de maisons closes que j'avais connus jusque-là, si ce n'est par sa gouaille et son comportement de psychopathe. Mais il y avait une autre différence fondamentale entre travailler chez Kyra et dans les autres bordels : ici, quand je rentrais à l'appartement une fois ma journée ou ma nuit finie, j'avais le droit de ressortir.

C'était une sensation bizarre de marcher seule dans la rue, mais c'était aussi très agréable. Même si j'étais épuisée après quinze heures de travail, mon envie de sortir surpassait mon envie de dormir. Je sortais tantôt en journée, tantôt le soir, en fonction de mes heures de travail. J'allais dans un café situé près de l'appartement, au bord d'un cours d'eau avec un joli pont en pierre. Je ne pouvais rien acheter puisque je n'avais pas d'argent, mais ce n'était pas grave. Je m'asseyais là pour boire un verre d'eau et je regardais les gens passer.

J'essayais d'imaginer que j'étais l'une des personnes assises dans le café ou marchant au bord de la rivière ; quelqu'un qui menait une vie normale, avec un travail, une maison, une famille et des amis.

C'était difficile, en partie parce que je n'avais aucune idée de ce à quoi ressemblait leur vie. Je me sentais détachée de tous ces gens, comme s'il y avait une barrière invisible entre eux et moi qui me tenait à l'écart. Mais ça n'avait pas d'importance : le simple fait de pouvoir les observer me suffisait.

On pourrait penser que le fait de pouvoir déambuler dans le vrai monde m'aurait donné envie de m'échapper, mais, aussi étrange que cela paraisse, l'idée ne m'a jamais traversé l'esprit. Quiconque a déjà souffert de ces migraines qui brouillent votre vision périphérique comprendra peut-être ce que je ressentais : tout ce que je voyais, c'était ce qui était juste devant moi, c'est-à-dire ma vie de prostituée, tout le reste était flou et indistinct. Même si mon passeport n'avait pas été aux mains de Christoph, je crois que j'aurais tout de même été trop effrayée et trop méfiante (à l'égard de la police et de tout le monde) pour aller demander de l'aide à quiconque. Je ne sais pas si Christoph était au courant que je sortais. Il s'était en tout cas assuré, comme Jak, Léon et Elek avant lui, que, lorsqu'il n'était pas là pour me contrôler, la paranoïa qu'il avait instillée en moi fasse le travail à sa place.

Je travaillais au bordel depuis quelques jours quand Kyra m'a emmenée à l'hôpital pour aller chercher les résultats des analyses que j'avais faites à Athènes. Je n'aurais sans doute pas compris la plupart des termes que le médecin a employés s'il s'était exprimé en anglais, et, comme il a parlé en grec, je n'ai rien compris du tout. En revanche, j'ai deviné qu'il y avait un problème et que j'allais devoir retourner à l'hôpital pour me faire soigner.

Kyra a dit au médecin qu'elle m'expliquerait, mais, quand nous sommes sorties, elle s'est contentée de me donner le papier qu'il lui avait remis en soufflant d'un air dégoûté. Elle ne cessait de répéter un mot en disant que j'étais sale, jusqu'à ce que je comprenne que j'avais la syphilis. Tout ce que je savais de cette maladie, c'était que Henri VIII en était mort (même s'il me semble que les gens n'y croient plus) ; je pensais que c'était incurable et que j'allais mourir.

— Tu n'es qu'une sale traînée, a craché Kyra. Pas question que tu continues de travailler pour moi. Il n'y a que des filles saines dans mon bordel.

C'était ridicule de me reprocher d'être « sale » : je n'avais pas choisi d'avoir des rapports non protégés avec des centaines d'hommes « sales ». C'était elle et Christoph qui m'obligeaient à le faire. Mais, sur le moment, je ne voyais pas les choses ainsi. Je pensais qu'elle disait vrai, que j'étais fautive, et je me sentais honteuse, sale, infectée.

Christoph est venu me chercher ce soir-là pour me ramener à Athènes. Le voyage était long, et il s'arrêtait régulièrement, parfois pour m'acheter des cannettes de bière, d'autres fois pour que je lui fasse des choses. Je n'aimais toujours pas le goût de l'alcool ; malgré cela, je commençais à apprécier la sensation trompeuse de confiance et de gaieté qu'il me procurait, et j'en buvais dès que l'occasion se présentait.

Cette nuit-là, j'ai descendu les cannettes de bière qu'il m'achetait comme si ç'avait été de l'eau. J'étais donc un peu soûle quand nous sommes arrivés à Athènes et que Christoph m'a déposée à mon ancien hôtel. Par chance, j'étais si fatiguée que je me suis endormie avant que les effets de l'alcool se dissipent, repoussant ainsi le moment d'affronter la pitoyable réalité de ma vie.

J'étais au deuxième stade de la syphilis, ce qui signifiait que j'avais contracté la maladie depuis environ un an. Christoph m'a accompagnée à l'hôpital, puis il a pris des comprimés qu'on m'y avait prescrits, vu que je la lui avais probablement refilée, comme il m'a expliqué. C'est probablement pour ça qu'il a continué à coucher avec moi par la suite, même si c'était désormais moins souvent, et toujours avec un préservatif.

J'étais vraiment embêtée de ce qui s'était passé, car je pensais qu'à cause de cela, Christoph ne m'aimait plus, chose qui, aujourd'hui, semble bien plus sensée que d'avoir cru qu'il ait pu m'aimer un jour.

Parfois, quand il venait me chercher à l'hôtel, il était accompagné de sa femme. La fois où elle avait débarqué au commissariat avec la bouteille d'oxygène (que je n'avais jamais vu Christoph utiliser, ni ce jour-là ni par la suite), elle avait semblé prête à me cracher au visage. Depuis, ses sentiments à mon égard n'avaient pas changé, et je n'étais jamais à l'aise en sa présence. Évidemment, j'avais maintenant une raison supplémentaire d'être mal à l'aise, puisque je couchais avec son mari. Comble de l'ironie, et de l'injustice, Christoph me reprochait le fait qu'il ne puisse plus coucher avec sa femme parce que je lui avais refilé la syphilis ! Il m'avait interdit de lui dire quoi que ce soit ; je supposais qu'il voulait uniquement parler du fait que nous couchions ensemble, car elle savait certainement comment il gagnait sa vie.

Je travaillais comme prostituée depuis environ cinq ans quand j'ai découvert que j'avais la syphilis, et j'avais passé ces deux dernières années sous le contrôle de Christoph. C'est assez difficile de replacer tous ces événements dans l'ordre chronologique, car je n'avais aucune notion du temps ni aucun moyen de le mesurer. Rien ne distinguait les jours, les semaines, les mois et les années de celles et de ceux qui s'étaient écoulés ou qui s'écouleraient. La seule chose qui pouvait changer d'un mois sur l'autre, c'était le bordel où je travaillais, parfois situé dans une autre ville.

Même les établissements et, à quelques exceptions près, les tenanciers, se ressemblaient ; tout comme les hommes qui acceptaient de payer quelques euros pour avoir un rapport de cinq minutes avec une fille sur laquelle ils n'auraient même pas pu mettre de visage.

Après cinq années de prostitution, j'avais quasiment oublié la vie que je m'étais imaginé avoir en travaillant comme serveuse afin de gagner assez pour reprendre mes études. Au bout d'un moment, vous finissez par ne plus penser à rien, et certainement pas à l'avenir, dont vous savez qu'il sera en tous points semblable à votre présent, s'il n'est pire.

Un jour, Christoph est passé me chercher à l'hôtel pour m'emmener faire un « déplacement » : une mission d'escort-girl de l'autre côté de la ville. Au retour, il a arrêté la voiture dans un parking public et m'a dit :

— Il faut qu'on discute.

J'avais l'impression d'avoir une pieuvre au creux du ventre ; j'avais envie de vomir et je tremblais comme une feuille. Avais-je fait quelque chose de mal ? J'essayais de me repasser ce que j'avais fait au cours des jours précédents quand je me suis rendu compte que Christoph était en train de me parler d'une voix exempte de colère.

— Je crois que tu devrais t'ouvrir un compte Facebook, disait-il. Reprends contact avec certaines de tes amies en Angleterre. Tu as prouvé qu'on pouvait te faire confiance. Il est temps que tu aies un peu de liberté dans ta vie et que tu fasses des trucs sympas.

Je m'étais attendue à ce qu'il me frappe, ou tout au moins qu'il me dispute, pour une chose que j'avais faite, ou que je n'avais pas faite. Aussi, durant les quelques secondes qu'il m'a fallu pour intégrer ce qu'il disait, je me suis contentée de le regarder sans parler. Même après cela, c'est à peine si j'osais le croire.

— On va le faire tout de suite, a-t-il dit. Viens.

Christoph est descendu de voiture en souriant, et je l'ai suivi jusqu'à un cybercafé de l'autre côté de la rue.

Quand votre vie touche le fond, on pourrait croire qu'il en faut beaucoup pour retrouver le sourire. Mais, pour moi, c'était tout le contraire : je me réjouissais d'événements insignifiants et sans conséquence. Le simple fait de savoir que Christoph était content de moi aurait suffi à m'égayer ; alors, à la pensée que j'allais pouvoir communiquer avec d'anciennes amies en Angleterre, j'avais l'impression d'être un môme à la veille de Noël.

Christoph nous a commandé un café chacun, puis, après qu'il m'eut paramétré un compte Facebook, j'ai commencé à rechercher des personnes que je connaissais cinq ans plus tôt.

J'ai envoyé des messages à deux filles avec qui j'étais amie en leur demandant comment elles allaient, ce qu'elles faisaient et en expliquant que je travaillais en Grèce. Une nouvelle angoisse s'est alors insinuée en moi : allaient-elles répondre ? Soudain, il me paraissait capital que quelqu'un réponde.

Une fois que nous fûmes revenus dans la voiture, Christoph m'a tendu un nouveau téléphone en disant :

— Tiens. Je pense que je peux te faire confiance, maintenant.

J'ignore si j'en avais déduit qu'il ne contrôlerait pas les textos ou les appels que je passais ou recevais, mais, quelles qu'aient été mes pensées à l'époque, je me souviens de m'être sentie spéciale et fière du compliment qu'il m'adressait.

Au cours des trois jours suivants, nous sommes retournés dans le même café pour vérifier si j'avais des messages. J'ai failli pleurer en découvrant les commentaires que certaines personnes avaient postés sur ma page. Et j'ai sauté de joie en voyant que Lexi, une ancienne copine d'école, avait répondu à mon mail. Elle disait qu'elle était contente que je donne enfin des nouvelles et me posait des tas de questions : où j'habitais, dans quoi je travaillais... Christoph avait posté certaines des photos qu'il prenait parfois de moi pour que je les envoie à ma mère, et Lexi a dit qu'elle m'y avait à peine reconnue, mais que j'avais l'air de bien m'amuser.

Christoph s'est dit vraiment content pour moi, puis m'a soufflé quoi répondre à Lexi : que j'adorais la vie en Grèce et que je me faisais beaucoup d'argent en travaillant dans un bar qui recevait beaucoup de touristes. C'était étrange, car, tandis que je tapais ce que me dictait Christoph, je ressentais une sorte de bouffée d'enthousiasme, comme si je croyais vraiment à ce que j'écrivais.

Quand Christoph est passé me chercher le lendemain pour m'emmener au cybercafé, il m'a demandé :

— Pourquoi t'inviterais pas ta copine Lexi à venir passer quelques jours ici avec toi ?

Je n'ai pas répondu, pensant avoir mal compris.

— Je crois que tu sais déjà que j'ai des sentiments pour toi, a-t-il continué. Des sentiments que je n'éprouve pas pour les autres filles. Tu es différente, tu es spéciale, tu as travaillé dur et tu as bien mérité de faire un break. Alors, dis à ton amie que je lui paie son billet d'avion et qu'elle n'aura pas de souci à se faire pour ce qui est de l'argent quand elle sera ici.

J'ai tout gobé en bloc. Je me sentais fière d'être spéciale, j'étais contente que Christoph soit satisfait de moi et j'étais aux anges à l'idée que j'allais avoir une amie avec moi, même si ce ne serait que pour quelques jours. Quand j'y repense, j'éprouverais presque du mépris pour la fille crédule, pitoyable et facilement manipulable que j'étais à l'époque.

Lexi a répondu à mon message immédiatement, acceptant l'invitation de Christoph et, moins d'une semaine plus tard, elle prenait l'avion pour Athènes. Son vol a atterri au petit matin, et Christoph m'a emmenée à l'aéroport pour l'accueillir. J'étais excitée, mais en même temps anxieuse en l'attendant dans le hall des arrivées, comme si j'avais quitté la réalité de ma vie pour mettre les pieds dans un univers parallèle.

Et, tout d'un coup, je l'ai vue qui me faisait de grands signes en sautant de joie. Nous nous sommes jetées au cou l'une de l'autre en riant, et je lui ai présenté « mon ami Christoph », qui lui a adressé un sourire charmeur en insistant pour porter son sac à dos.

Au lieu de nous emmener à l'hôtel où j'habitais, comme je le pensais, Christoph s'est rendu dans le centre-ville et s'est garé devant une maison située dans une petite rue.

— Je suis désolé. Je n'ai pas eu le temps de réserver une chambre pour ton amie, a-t-il expliqué en souriant à Lexi d'un air penaud. Alors, je vais vous laisser ici toutes les deux chez un ami à moi pendant que je m'occupe de l'hôtel. Je ne vais pas tarder.

J'ai encore du mal à le croire aujourd'hui, mais je n'ai rien soupçonné. En fait, c'est seulement quand la porte de la maison s'est ouverte et qu'un Albanais tout sourire que Christoph nous a dit s'appeler Zamir en est sorti que j'ai commencé à trouver ça louche.

Christoph n'est pas entré dans la maison avec nous. Il nous a laissées sur le perron en promettant d'être de retour d'ici une heure. Lexi et moi avons suivi Zamir dans le salon, où deux autres hommes regardaient la télé en buvant du whisky. Je me suis soudain sentie nerveuse et mal à l'aise. Mais les hommes étaient gentils et charmants, et nous avons accepté les verres qu'ils nous proposaient. Nous avons bavardé un moment tous ensemble, et j'ai commencé à me détendre.

Nous étions tous en train de rire d'une plaisanterie quand Lexi s'est levée et a dit qu'elle devait aller aux toilettes. Un des hommes a alors pris la télécommande et éteint la télé.

— Dis-lui de s'asseoir, m'a-t-il dit sur un tout autre ton.

Quand j'ai levé la tête, j'ai vu qu'il nous regardait tour à tour d'un air méprisant. En une fraction de seconde, j'ai pris conscience de ma terrible erreur. Une petite voix dans ma tête me hurlait : « Non ! Pauvre idiote ! Qu'est-ce que tu as fait ? »

Je me suis mise à trembler comme une feuille.

Lexi n'avait pas compris ce que l'homme avait dit, mais la menace dans sa voix et la tension soudaine dans la pièce étaient palpables. Elle s'est mise à pleurer.

— Tu sais ce qui vient de se passer, pas vrai ? m'a demandé l'homme. Tu as compris ce qui vous attend ? Vous nous appartenez, désormais. On vous a achetées à Christoph pour quatre mille euros.

Il a ajouté avec un geste de tête en direction de Lexi :

— Tu ferais mieux d'expliquer ça à ta copine.

Pourquoi étais-je blessée et choquée à l'idée que Christoph m'ait vendue à ces hommes ? Quelles raisons pouvais-je bien avoir de croire qu'un homme qui m'avait toujours traitée comme une marchandise inanimée se soucie tout d'un coup de mon bien-être et veuille faire quelque chose pour moi ?

Une partie de la réponse était que j'avais tellement envie d'avoir une amie que mon esprit bloquait toute information qui n'allait pas dans le sens de ce que je voulais croire. Les sentiments de honte et de culpabilité ne m'avaient pas quittée un seul jour durant ces cinq années, mais jamais ils n'avaient été plus grands qu'aujourd'hui. Avec le temps, on finit par s'adapter à toute situation et à la trouver normale : au fil des années, mes émotions et mes réactions s'étaient émoussées. Mais Lexi réagissait de manière plus rationnelle et terre à terre. Dès que je lui ai traduit les paroles de l'homme, elle s'est mise à courir à travers la pièce en hurlant, bousculant les meubles et envoyant les verres de whisky par terre.

Quand les amis de Zamir se sont levés, j'ai instinctivement mis mes bras devant mon visage pour me protéger. Mais, au lieu de nous cogner comme je le pensais, l'un d'eux a dit à Zamir :

— Ça nous intéresse plus. Elles vont nous attirer des ennuis.

Ils sont sortis du salon et, quelques secondes plus tard, on a entendu la porte d'entrée claquer derrière eux.

Lexi continuait de sangloter et de crier quand Zamir est sorti du salon à son tour, et je l'ai entendu parler près de l'entrée, à toute allure et d'une voix furieuse. Réalisant que ce serait probablement notre seule chance, j'ai attrapé le sac à dos de Lexi et le lui ai jeté dans les bras avant de l'entraîner hors du salon, vers le fond de la maison. Nous sommes entrées dans une pièce, et j'avais à peine tourné la clé dans la serrure que l'homme s'est mis à donner des coups de pied dans la porte en hurlant des menaces. Lexi criait elle aussi tandis que je sanglotais. Mais je savais que, si nous voulions avoir une chance de nous échapper, il me fallait réfléchir.

La pièce où nous nous étions enfermées n'avait que deux issues : la porte, qui allait céder d'un instant à l'autre, et la fenêtre, sur le mur en face. Durant quelques précieuses secondes, je me suis débattue avec la poignée de la fenêtre avant de réussir à l'ouvrir. Aussitôt, j'ai poussé Lexi de l'autre côté, puis j'ai grimpé à mon tour tout en regardant par-dessus mon épaule, m'attendant à voir Zamir surgir dans la pièce à mes trousses. J'ai basculé de l'autre côté et, sitôt que mes pieds ont touché le trottoir, nous nous sommes mises à courir.

Je ne sais pas ce que les gens ont pensé en voyant deux filles courir côte à côte à travers le centre-ville en pleurant et en jetant des regards derrière elles comme des animaux traqués. Je n'avais aucune direction précise ; je me contentais d'écouter mon instinct, qui me disait de courir aussi loin et aussi vite que possible de cette maison. Comme toujours, j'étais persuadée qu'on me surveillait. Mais nous ne pouvions pas courir éternellement. Alors, quand, au détour d'une rue, j'ai aperçu un policier sur le bord du trottoir, je me suis arrêtée en prenant Lexi par le bras et j'ai essayé de reprendre mon souffle.

— S'il vous plaît, aidez-nous, ai-je dit dès que j'ai pu parler.

Tandis que j'essayais d'expliquer au policier ce qui venait de se passer, Lexi hurlait en anglais :

— Aidez-nous ! On a été kidnappées !

— Vous n'avez plus rien à craindre, a dit le policier quand je me suis tue pour reprendre mon souffle. Venez avec moi.

Nous l'avons suivi sur le trottoir d'en face jusque dans un hôtel, où il nous a dit d'attendre pendant qu'il sortait passer un coup de téléphone.

Nous nous sommes assises dans des fauteuils, dans un coin du vestibule d'où nous pouvions voir l'entrée sans être vues. C'est alors que j'ai réalisé que j'étais déjà venue ici. Il s'agissait de l'hôtel dans lequel maman et moi étions descendues quand elle était venue me voir à Athènes. J'étais déjà suffisamment en panique, et le dernier endroit où je voulais me trouver en ce moment était un hôtel tenu par un ami de Christoph susceptible de me reconnaître. Je me suis déplacée dans mon fauteuil pour tourner le dos à la réception et j'ai ramené mes cheveux devant mon visage. Je continuais à me demander ce que j'allais faire quand j'ai aperçu Christoph.

Il venait de pousser la porte de l'hôtel et balayait le hall du regard comme s'il cherchait quelqu'un. Je me suis faite toute petite dans mon fauteuil et j'ai dit à Lexi de baisser la tête, mais c'était trop tard. Christoph nous avait vues et il venait dans notre direction.

— Je suis affreusement désolé, a-t-il dit en souriant, regardant d'abord Lexi, puis moi. J'étais loin d'imaginer… Je n'arrive pas à croire ce qui vous est arrivé. Cette ordure de Zamir... Dieu merci, vous n'avez rien. Allons-y, venez avec moi.

Il m'a fallu un moment pour réaliser qu'au lieu d'être furieux contre nous, il nous souriait et se confondait en excuses. Tout à coup, j'ai compris que, si Christoph savait ce qui nous était arrivé, ça ne pouvait signifier qu'une seule chose : c'était lui que le policier avait appelé quand il était sorti téléphoner. Personne ne viendrait à notre secours.

12

Au lieu de nous emmener à mon hôtel, Christoph nous a conduites dans un appartement à environ une heure de la ville. Il n'arrêtait pas de rager contre les trois Albanais et de répéter que nous n'avions plus rien à craindre, car il était là.

— Restez ici, a-t-il dit quand nous sommes arrivées à l'appartement. Ne sortez pas seules.

Il m'a regardée quelques secondes d'un œil vide avant d'ajouter :

— Je reviens dans la matinée avec un peu d'argent pour vous faire visiter le coin. C'est un endroit sympa. Je suis sûr que ça vous plaira.

En fait, il n'est pas revenu le lendemain, ni le jour suivant. J'étais à l'époque plus que jamais convaincue d'être en permanence surveillée, et, Lexi et moi étant trop terrifiées pour quitter l'appartement, nous n'avions rien à manger.

J'avais pour ma part survécu plus longtemps que ça en ne buvant que de l'eau du robinet, mais la faim était une source de stress supplémentaire pour Lexi. Nous avions nos téléphones, mais aucune de nous deux n'avait de crédits, et, après ce qui s'était passé, j'avais écarté l'option du commissariat.

À mesure que le temps passait, la terreur de Lexi grandissait, et j'avais de plus en plus de mal à trouver des paroles rassurantes. Je ne voulais pas lui dire la vérité au sujet de Christoph, en partie parce que je savais que ça ne ferait qu'accroître sa panique, mais surtout parce que cela m'aurait obligée à lui avouer aussi la vérité sur moi.

Être coincées ensemble dans cet appartement était déjà suffisamment problématique sans qu'elle ait en plus à se dire que je lui avais menti à propos de ma vie merveilleuse à Athènes et que j'étais en fait une prostituée. Gérer son mépris aurait été trop pour moi.

Je savais que rien de ce qu'on pourrait faire ne changerait ce qui allait arriver, et Lexi était trop effrayée et déroutée pour protester quand j'ai dit qu'il fallait simplement attendre le retour de Christoph.

Je savais que j'allais morfler pour m'être échappée et avoir parlé au policier. Mais je ne pensais pas que Christoph ferait de mal à Lexi, ni même qu'il avait l'intention de la forcer à se prostituer.

Si jamais je faisais erreur, je savais que je serais responsable de son sort.

Nous étions dans l'appartement depuis trois jours quand Christoph est revenu. Il avait quelques vêtements et des plats à emporter. Il s'est brièvement excusé d'avoir tardé, puis m'a dit froidement :

— Tu as fait une grosse erreur. T'avise plus jamais d'essayer de t'échapper. Toi et ta copine, il va falloir que vous gagniez votre croûte. Ce soir, vous travaillerez dans un bar.

Quand j'ai traduit pour Lexi, elle s'est affolée et a dit qu'elle refusait de faire ça. Puis soudain, Christoph a retrouvé le sourire et lâché d'une voix presque joviale :

— Dis à ta copine qu'il n'y a pas de quoi s'inquiéter. Tout ce que vous avez à faire, c'est bavarder avec les gars qui entrent dans le bar et que vous les encouragiez à consommer. Vous toucherez un pourcentage de l'argent qu'ils dépenseront.

J'avais profondément envie que ce soit vrai et que tout se passe bien, mais j'avais l'impression d'être Judas quand j'ai rapporté les paroles de Christoph à Lexi, qu'elle a répondu que ça pouvait être marrant, après tout, et accepté de le faire.

Christoph nous a laissées à l'appartement pour qu'on se douche et qu'on se change, puis il est revenu dans la soirée pour nous conduire au bar. Le patron de l'établissement était gentil ; il nous a brièvement expliqué le scénario, puis Lexi et moi nous sommes assises à deux tables différentes et avons attendu.

Quelques minutes plus tard, un homme s'est approché de Lexi et s'est assis en face d'elle. Je n'arrivais pas à entendre ce qu'ils disaient, mais il parlait bien anglais, de toute évidence, car Lexi riait. Ils semblaient bien s'entendre.

À la fin de la soirée, quand Christoph est venu nous chercher pour nous redéposer à l'appartement, Lexi et moi avions bien rapporté au patron du bar. Lexi avait vu ça comme un jeu et avait passé une bonne soirée.

Pour ma part, j'avais dû me concentrer pour comprendre ce que les hommes me disaient, car j'avais l'esprit ailleurs : je réfléchissais au moment où je devrais dire la vérité à Lexi.

Je ne pouvais plus me voiler la face et me dire que tout se passerait bien, que Lexi travaillerait quelques nuits dans le bar, puis rentrerait tranquillement en Angleterre. C'était ce que j'avais voulu croire, mais, au fond de moi, je savais que c'était faux. Je devais aider Lexi avant qu'il soit trop tard.

Lorsqu'elle m'a demandé quand Christoph nous donnerait la part de l'argent que nous avions gagné, je lui ai donc expliqué que nous n'en verrions pas la couleur, que Christoph n'était pas « mon ami », mais un proxénète qui achetait des filles pour les faire travailler comme prostituées, et que tout ce que j'avais écrit dans mon mail au sujet de ma vie en Grèce était un mensonge.

Elle est restée à me regarder durant un moment qui m'a paru très long, puis a murmuré :

— Je ne comprends pas, a-t-elle dit en éclatant en sanglots. Tu imagines si c'est ce qu'il a projeté pour moi ?

On aurait dit une enfant terrifiée.

— Je ne peux pas travailler dans un bordel ! Et toi non plus. Oh ! mon Dieu ! Meg, qu'est-ce qu'on va faire ?

J'étais soulagée qu'elle ne m'ait pas reproché de l'avoir attirée dans ce piège effroyable. C'était inutile, car je me le reprochais déjà bien assez.

— Je sais ! s'est-elle écriée en sortant ses affaires de son sac à dos. Le premier client du bar, celui qui est resté si longtemps, il m'a donné son numéro et une recharge pour mon téléphone. J'ai flashé sur lui, Meg. Je crois qu'on peut lui faire confiance.

— On ne peut faire confiance à personne, ai-je déclaré.

Je savais cependant que si je voulais avoir une chance de sauver Lexi, nous allions devoir prendre le risque.

Le client en question était un Albanais prénommé Petros. Quand Lexi lui a expliqué la situation et lui a demandé de nous aider, il a répondu :

— Je repasserai au bar demain soir. Quand vous me verrez, faites simplement ce que je vous dis sans poser de questions.

Ni elle ni moi n'avons beaucoup dormi cette nuit-là. J'en ai dit un peu plus à Lexi sur ma véritable vie, puis je me suis contentée de fixer le plafond en essayant de ne pas penser au piège dans lequel on risquait de tomber.

Lexi était certaine que Petros nous aiderait – aussi certaine que je l'aurais été si j'avais demandé à Jak de m'aider quand je l'avais rencontré cinq ans plus tôt dans ce bar... Ma principale angoisse venait cependant de ma conviction que Christoph avait les yeux partout. J'étais persuadée que jamais je ne pourrais lui échapper.

Nous avons passé toute la journée du lendemain dans l'appartement, puis, le soir venu, Christoph est passé pour nous conduire au bar. Je suis surprise qu'il n'ait pas flairé quelque chose.

J'avais répété plusieurs fois à Lexi durant la journée – au point de lui casser les pieds – que, quoi qu'il arrive, nous devions nous comporter normalement afin de ne pas éveiller les soupçons de Christoph.

Mais je me rendais compte, tandis que nous roulions en direction du bar, que nos silences tendus et nos bavardages faussement joviaux étaient louches.

Quelques minutes après notre arrivée, un homme s'est assis à la table de Lexi. Tout en se concentrant pour comprendre ce qu'il disait, elle ne cessait de tendre le cou, si bien que n'importe qui voyait qu'elle surveillait la porte d'entrée. J'essayais de trouver un moyen de l'inviter à la discrétion quand la porte s'est ouverte et Petros est entré dans le bar.

Mon cœur battait déjà la chamade, et j'ai agrippé le bord de la table à deux mains. C'était le moment de vérité : Petros était-il vraiment digne de confiance ou n'était-il revenu dans le bar que pour nous trahir ?

Lexi était assise à la table voisine, et, quand Petros est passé entre nous, il a dit, tout bas et sans nous regarder :

— Ne dites rien. Ne posez pas de questions. Levez-vous, suivez-moi dehors et montez dans ma voiture.

J'ai pris sur moi et fait ce qu'il disait. J'éprouvais le même sentiment que le jour où j'avais volé dans un magasin en Angleterre, il y a longtemps de cela, dans une autre vie : j'étais certaine que les yeux de tous les clients étaient braqués sur moi, chaque fibre de mon corps me disait de courir et j'attendais le moment fatidique où quelqu'un crierait : « Arrête-toi ! » Mais cette nuit-là dans le bar, personne ne nous a crié de nous arrêter. Et, le plus étonnant, c'était que Petros avait tenu parole et qu'il était revenu nous chercher.

Cette nuit-là, Lexi et moi avons passé la nuit avec Petros et son ami dans leur chambre d'hôtel. Ils nous avaient laissé leurs lits, mais je ne pense pas que Lexi a mieux dormi que moi. Christoph n'arrêtait pas d'appeler sur mon portable et de m'envoyer des textos disant : *Je sais où tu es. J'arrive. Toi et ta mère allez avoir de GROS ennuis.*

À chaque texto, j'étais de plus en plus sûre qu'il avait un moyen de pister mon téléphone et qu'il savait réellement où je me trouvais. Quand le petit matin est arrivé, j'étais à bout de nerfs, mais j'avais abouti à une décision.

— Il faut que je m'en aille, ai-je dit à Lexi. Je crois que Christoph sait où je me trouve. S'il débarque ici, il te trouvera aussi. Même si je me trompe, il va s'en prendre à ma mère, et je ne veux pas qu'il lui fasse du mal. Je suis obligée de retourner auprès de lui.

— Tu ne peux pas faire ça ! s'est exclamée Lexi en pleurant. Je t'en prie, Meg, il doit y avoir une autre solution. Tu ne peux pas retourner à la vie qu'il te fait vivre. On va s'en sortir. Petros et son ami vont nous aider. Je sais qu'on peut leur faire confiance.

— Tu as raison, lui ai-je répondu. Mais je connais Christoph et je connais le genre d'hommes avec qui il travaille. Si je ne reviens pas, je sais qu'il s'en prendra à ma mère. Je suis certaine que Petros t'aidera à repartir en Angleterre. Il faut que je rentre.

C'était la seconde fois que j'essayais d'imaginer ce que cela ferait d'embarquer sur un vol à destination de l'Angleterre. La vérité était que je n'arrivais pas à l'imaginer ; j'avais peur, à l'instar, peut-être, d'un animal sauvage qui aurait vécu en cage pendant des années et à qui on offrirait la liberté en ouvrant la porte. Pour une raison quelconque, je pensais avoir mérité cette vie d'asservissement et j'étais persuadée que tout ce qui m'était arrivé était ma faute. C'était en tout cas ma faute si Lexi se trouvait aujourd'hui en Grèce dans une telle panade. Je ne voulais pas devoir en plus me reprocher ce qui risquait d'arriver à ma mère.

Alors, j'ai serré Lexi dans mes bras, j'ai fait promettre à Petros de prendre soin d'elle, puis j'ai quitté l'hôtel et je me suis mise à marcher le long d'une route déserte, le dos tourné au lever de soleil.

J'ai continué d'avancer sur cette route jusqu'à être assez loin de l'hôtel, près d'une espèce de petite ferme au milieu d'un champ de terre et de pierres. Et là, j'ai appelé Christoph.

Il a décroché immédiatement.

— Où es-tu ? a-t-il demandé, d'un ton calme et froid bien plus intimidant que des cris de colère.

Je lui ai dit ce que je voyais autour de moi et j'ai décrit plusieurs points de repère.

— Continue de marcher et ne raccroche pas, a-t-il déclaré.

J'ai dû parcourir encore un bon kilomètre avant qu'il me dise de m'asseoir sur le bord de la route. C'est alors que j'ai su qu'il m'avait repérée.

— Ne me fais pas de mal, s'il te plaît, ai-je murmuré dans le téléphone. Je suis désolée. Pitié.

Quand sa voiture s'est arrêtée à ma hauteur, sa froide maîtrise avait cédé la place à un déchaînement de fureur, et il m'a hurlé de monter.

Je pleurais et je tremblais tant qu'il m'a fallu une éternité pour réussir à attraper la poignée et à ouvrir la portière. Dès que je suis montée, Christoph m'a donné un coup sur la tête avec le canon de son pistolet, si fort que j'ai bien cru m'évanouir.

— Où est l'autre fille ? a-t-il crié en me frappant une nouvelle fois avec son arme, de sorte que ma tête est partie heurter la vitre. Vous pensiez vraiment pouvoir vous échapper ? Où est-elle ?

— Je ne sais pas, ai-je répondu dans un sanglot. Vraiment. Elle s'est enfuie avec un homme qu'elle a rencontré au bar. Je ne sais pas où ils sont partis. Je te jure.

— Je pensais que je pouvais te faire confiance.

L'espace d'un instant, j'ai cru qu'il pleurait. C'était comme s'il avait complètement perdu le contrôle de lui-même, et j'ai soudain eu plus peur de lui que jamais.

— Pourquoi tu t'es enfuie ? criait-il. Tu vas voir ce qui va t'arriver maintenant ! T'as pas compris ce que je t'ai dit pour ta mère ? Je peux me débarrasser de quelqu'un comme ça.

Il a claqué les doigts.

— Donne ton téléphone.

Je le lui ai tendu et il a retiré la carte SIM et cassé le téléphone en deux avant de jeter les débris par la fenêtre.

— Joue pas à ça avec moi ! a-t-il hurlé. Je suis un putain de tueur. Je vais te découper en petits morceaux et t'enterrer.

J'étais recroquevillée contre la portière, et il a tendu le bras pour me frapper de nouveau. Puis, d'un coup, il a cessé de crier et a dit tout bas, d'une voix pleine de menaces.

— Je me contrefous de l'autre fille. Cette pétasse m'a causé que des emmerdes depuis son arrivée. Et pour finir elle essaie de te voler à moi.

J'avais passé cinq ans à croire à des choses invraisemblables, mais, même moi, je me rendais compte que sa vision des événements était erronée. Cela dit, j'étais parfaitement heureuse de l'accréditer si elle pouvait à la fois le détourner de Lexi et me dédouaner en partie.

Christoph m'a ramenée directement à Athènes, sans passer par l'appartement pour récupérer mes affaires. Ce n'était ni la première fois ni la dernière que j'abandonnais ma valise et ce qu'elle contenait. Mais quelle importance ? Je ne possédais rien, si ce n'étaient quelques vêtements bon marché aisément remplaçables.

De retour en ville, il m'a conduite dans un hôtel huppé du centre, dans lequel il a pris une chambre pour deux personnes, puis il a fait sa petite affaire avant de se retourner et de s'endormir.

Le fait d'évoluer dans un univers où les règles et les attentes normales ne s'appliquent pas peut réellement vous détraquer le cerveau. Je me demande aujourd'hui si Christoph, et tous les autres hommes qui m'ont à un moment ou à un autre contrôlée durant ces années, ont jamais fait quoi que ce soit de spontané, et qui n'eût pas un but dissimulé. La réponse est probablement non.

Tout ce qu'ils disaient ou faisaient était dans l'objectif délibéré de m'embrouiller ou de me déstabiliser, afin que je ne sache plus ce qui était « normal ». C'était sans doute ce qu'il faisait.

Un instant, Christoph s'emportait contre moi et me lançait des paroles horribles ; l'instant d'après, il me complimentait et me disait que j'étais spéciale. Comme je ne savais jamais comment il réagirait, ni si ce que je faisais était bien ou mal, je manquais complètement d'assurance et doutais de chacune de mes actions.

Il agissait même ainsi pendant les rapports sexuels.

— Tu fermes trop les jambes, disait-il. La prochaine fois, fais bien gaffe de les écarter comme ça.

Et il indiquait l'écartement approprié avec ses mains. Parfois il se plaignait que j'étais mal maquillée, ou mal coiffée, ou que j'avais pris du poids (ce qui n'était sûrement pas vrai, car je n'avais aucun appétit et je devais me forcer pour manger). Mais j'étais programmée pour tout croire, je pensais toujours être fautive et, quels que soient mes efforts, j'avais sans cesse le sentiment de faire les choses de travers.

Christoph a dormi environ une heure cette nuit-là. À son réveil, il m'a redonné mon ancienne carte SIM ainsi qu'un nouveau téléphone. Il a posé cinquante euros sur la table de chevet et a dit qu'il reviendrait le lendemain matin. Après son départ, je suis descendue et j'ai utilisé les cinquante euros pour acheter de l'alcool, que j'ai bu seule dans la chambre.

Dans la nuit, j'ai reçu un texto de Lexi. Elle me disait que Petros avait tenu parole et lui avait payé un billet d'avion pour rentrer en Angleterre. *Tu aurais dû revenir avec moi*, écrivait-elle. Je l'ai relu une vingtaine de fois avant de l'effacer, histoire que Christoph ne le trouve pas. Chaque fois que je le lisais, j'essayais d'imaginer où je serais et ce que je serais en train de faire si la peur ne m'avait pas empêchée de la suivre à Londres.

Je m'en veux encore horriblement de ce qui est arrivé à Lexi. Je l'avais invitée en Grèce, car j'avais cruellement eu envie de croire aux belles paroles de Christoph. Comme un millier de fois auparavant, je m'étais voilé la face, j'avais refusé de croire que Christoph pouvait avoir d'autres raisons que celles qu'il me donnait (dans le cas présent : que j'avais mérité de prendre quelques vacances avec une amie). J'avais entamé ma relation avec Jak suite à un manque de discernement ; j'en avais manqué dix fois plus en invitant Lexi à Athènes. Du fait de mon incroyable stupidité, elle avait failli tomber dans le piège de la prostitution.

Je n'ai plus jamais eu de nouvelles de Lexi. Je suis sûre que, rétrospectivement, elle m'en a voulu de ce qui avait failli lui arriver. Je sais que je m'en suis voulu. Malgré ce que je lui avais expliqué, elle a dû se dire que j'avais en fin de compte choisi la vie que je menais ; sans quoi je me serais enfuie avec elle. D'une certaine manière, elle a raison, car, même si je n'avais pas choisi cette vie, j'avais sans doute fini par l'accepter et par me convaincre que je ne méritais pas mieux.

Lexi avait eu une réaction « normale » face à la peur : elle avait cherché à fuir. Il était donc difficile pour elle de comprendre pourquoi je n'avais pas fait de même. Mais il existe un autre type de peur qu'on ne peut comprendre que si on l'a ressentie : la peur du tout et du rien, des choses réelles et des choses qu'on imagine, et cette peur est si écrasante qu'elle vous empêche de faire quoi que ce soit, excepté ce qu'on vous dit de faire.

Quand Christoph est revenu le lendemain, il m'a emmenée dans un appartement qui, bien que modeste, était relativement spacieux en comparaison des autres endroits où j'avais habité. Il y avait un petit salon avec un lit et une baie coulissante donnant sur un balcon exigu, une chambre encore plus petite, une salle de bains et une cuisine américaine avec juste assez de place pour un évier, une cuisinière et un petit réfrigérateur crasseux incrusté de moisissures. J'avais vécu ces cinq dernières années de plats à emporter et j'étais vraiment heureuse à l'idée de pouvoir me préparer mes propres repas. Après avoir déposé mon sac à l'appartement, Christoph m'a conduite au supermarché et m'a acheté de quoi cuisiner.

Une fois de plus, la seule chose qui changeait était l'endroit où je dormais ; tout le reste a continué plus ou moins comme avant. Christoph passait me chercher chaque matin, m'emmenait dans un bordel ou me confiait des missions d'escort-girl, puis me redéposait de bonne heure le lendemain matin. Le fait que j'aie eu la syphilis ne semblait rien changer d'un point de vue pratique, si ce n'était que, désormais, tous les hommes qui couchaient avec moi devaient porter un préservatif. Quand je ne travaillais pas, j'étais à l'appartement, sans rien d'autre à faire que dormir ou manger.

En fait, la seule chose qui changeait d'un jour à l'autre était la manière dont Christoph me traitait. Parfois, il arrivait à l'appartement et, brusquement, sans raison apparente, il commençait à me cogner. Ou alors il m'attrapait par le cou, me soulevait du sol et me collait contre un mur en me hurlant au visage :

— Tes heures sont comptées. Tu ne rapportes pas assez. Il faut que tu joues davantage l'innocente. C'est quoi, ton problème ? T'as l'air d'une toxico. Les clients veulent de la chair fraîche et tu te fais vieille.

J'avais dix-neuf ans, mais je me sentais bien plus vieille. Et j'étais terriblement fatiguée.

Un jour, après m'avoir agonie d'injures et frappée jusqu'à ce que mon oreille saigne, il est allé chercher des ciseaux dans la cuisine et a découpé mes vêtements. Puis il m'a empoigné plusieurs mèches de cheveux en me tournant la tête si brutalement que j'ai cru que mon cou allait se briser, et il a coupé toutes mes extensions.

Plus tard, une fois calmé, il m'a emmenée me faire coiffer en expliquant à la coiffeuse que j'étais sa fille et que j'avais piqué une crise et m'étais coupé les cheveux moi-même.

— Je reviens la récupérer dans une heure, a-t-il dit en me donnant une tape sur l'épaule et en regardant la coiffeuse l'air de dire : « Ah ! ces gosses... »

Je ne savais plus où me mettre. J'avais l'impression d'être une gamine capricieuse. Et, même si je parlais couramment grec depuis le temps, la coiffeuse s'était bien rendu compte que je n'étais pas grecque. Je ne sais pas ce qu'elle a pensé.

Quand quelqu'un vous crie après, qu'il est violent et que vous n'avez pas d'autre choix que de subir ses humeurs et d'encaisser les coups parce que vous n'avez nulle part où vous cacher, vous vous sentez comme un enfant vulnérable et terrorisé.

Le pire, cependant, c'était de savoir que Christoph disait vrai : je n'étais plus assez « bonne » pour me prostituer dans un bordel infect. Et si je n'étais plus assez bonne pour ça, pour quoi étais-je bonne ?

Un soir, alors que j'avais mes règles et que je ne travaillais pas, Christoph est tout de même venu à l'appartement. À peine avais-je refermé la porte qu'il s'est mis à me gifler et à me crier des horreurs. Puis, tout aussi subitement, il a arrêté, il s'est retourné et s'en est allé en claquant la porte.

Je suis restée agenouillée par terre et j'ai pleuré, mais d'une manière différente des fois précédentes. Je crois que c'était la première fois que je pleurais véritablement sur mon propre sort. Je revoyais par flashes tout ce que j'avais traversé depuis mon arrivée à Athènes presque six ans plus tôt, six années que je savais maintenant perdues à jamais et qui marqueraient ma vie pour toujours.

À mon arrivée dans l'appartement, j'y avais trouvé quelques fringues bon marché et une bouteille de vodka. Je me demandais souvent ce qu'était devenue la fille qui les avait laissées là et, ce soir-là, j'ai de nouveau pensé à elle. Traversait-elle les mêmes épreuves que moi ? Existait-il quelqu'un qui éprouvait la même chose que moi ? Il me semblait souvent que je vivais dans un univers autre, qui avait toujours existé, parallèlement à celui de mon enfance, et dans lequel la vie que je menais était parfaitement normale. J'entendais la voix de Christoph dans ma tête : « Les clients veulent de la chair fraîche et tu te fais vieille. » Comme tous les adolescents, je n'arrivais pas à m'imaginer vieille, mais je me suis néanmoins interrogée : qu'allais-je devenir quand plus aucun client ne voudrait coucher avec moi et que Christoph n'aurait plus besoin de moi ? Le présent était terrifiant ; l'avenir le semblait encore plus.

Je pensais à ma mère cent fois par jour et, ce soir-là, agenouillée par terre, pleurant comme si j'étais en deuil, j'ai pensé plus que jamais à elle. Jamais je ne m'étais sentie aussi seule et désespérée durant toutes ces années de solitude et de désespoir que j'avais passées en Grèce. Et là, je me suis souvenue de la bouteille de vodka laissée dans le placard de la cuisine, probablement par la précédente occupante.

J'ai commencé à boire directement au goulot, mais l'alcool était si fort et si âpre que j'ai eu un haut-le-cœur. J'en ai versé un peu dans un verre auquel j'ai ajouté de l'eau, et ainsi, j'ai pu l'avaler d'un trait sans vomir.

J'ai également trouvé des médicaments antidouleur dans la cuisine ; je les ai tous avalés. Puis j'ai titubé jusqu'à la salle de bains et je me suis regardée dans le miroir du placard.

— Je te hais ! ai-je crié à mon reflet. Tu n'es rien. Personne n'en a rien à faire de toi. Personne ne t'aime. Qu'est-ce que tu fiches encore ici ? Tu ne mérites pas de vivre.

Mais seul un monstre froid et sans cœur aurait pu détester la fille pathétique et misérable qui me regardait dans le miroir. Tandis que sortaient la colère et la frustration que j'avais emmagasinées, j'ai tendu la main pour toucher le visage boursouflé, puis ouvert la porte du placard pour la faire disparaître.

Parmi les objets abandonnés sur les étagères du placard se trouvait un rasoir. Lorsque je l'ai pris, la colère a resurgi de plus belle, et j'ai couru dans la cuisine et commencé à me taillader les poignets et le cou. Ce furent ensuite les bras, puis les jambes, et, bientôt, tout fut couvert de sang : mon corps, mes vêtements, les murs et le sol.

Je ne sais pas au juste ce qui a fait que j'ai perdu connaissance : peut-être l'alcool, ou les comprimés, ou le stress qui avait suivi ma crise de folie, ou la perte de sang, ou encore une combinaison des quatre. Je me suis effondrée au pied de la baie vitrée.

Les voisins m'avaient entendue crier et saccager l'appartement. Quand ils m'ont vue étendue à terre, couverte de sang, ils ont prévenu la police.

On a enfoncé la porte, et je crois que c'est ce qui m'a réveillée. Je suis revenue lentement à moi, comme un plongeur remontant des profondeurs, déboussolée et ne me souvenant plus de ce qui s'était passé.

Puis j'ai entendu des bruits de pas précipités et des voix criant « Police ! » Soudain, j'ai vu que le salon était rempli d'hommes armés. Tant bien que mal, je me suis relevée et je suis sortie sur le balcon avant d'essayer de me jeter dans le vide.

L'appartement se trouvait au cinquième étage, et je serais sans doute morte si deux policiers n'avaient pas réussi à m'attraper les chevilles au moment où mon estomac s'écrasait contre la rambarde métallique. Mais, comme je ne voulais pas être sauvée, je me suis débattue. Je continuais de les frapper et de les injurier quand ils m'ont passé les menottes. Tandis qu'ils me faisaient sortir de l'immeuble, je me suis mise à hurler :

— Il me regarde ! Je sais qu'il est là ! Il fera tout pour m'avoir. Il a d'autres filles, vous savez. Il va me tuer !

— Qui te regarde ? m'a demandé un des policiers. Qui va te tuer ?

— L'homme, ai-je répondu. Un homme horrible. Je ne vous dirai pas son nom.

C'était l'alcool qui m'avait donné le courage d'évoquer l'existence de Christoph. Et c'est peut-être aussi la vodka qui m'a soudain fait prendre conscience que j'étais incroyablement fatiguée d'avoir peur. À entendre mes délires paranoïaques, les policiers ont certainement cru avoir affaire à une soûlarde classique.

Au commissariat, quelqu'un m'a nettoyée, a pansé les lacérations les plus graves sur mes bras et m'a demandé ce qui m'était arrivé.

— Je me suis coupée, ai-je répondu avant d'éclater de rire comme une folle.

En fait, les policiers se sont montrés très gentils. Ils m'ont servi du café et m'ont laissée sortir pour fumer, même si le policier qui m'escortait n'a pas hésité à dégainer son arme quand j'ai essayé de m'enfuir (j'ai entendu le clic lorsqu'il a retiré la sécurité).

Lorsqu'ils m'ont demandé mon passeport, j'ai répondu qu'il était sans doute quelque part dans l'appartement.

— Oh ! non, attendez, je crois que je l'ai jeté dans le vide-ordures ! ai-je ajouté en riant à nouveau, comme si je venais de dire quelque chose de drôle.

— Eh bien, dans ce cas, on va aller le chercher, a dit un policier.

Je savais qu'ils ne le trouveraient pas, car c'était Christoph qui l'avait.

J'ai passé les heures qui ont suivi assise dans le commissariat, à boire du café, les yeux dans le vague et l'esprit vide. Quand ils m'ont finalement fait sortir et mise dans une voiture, l'effet anesthésiant de la vodka s'estompait, et j'ai commencé à être malade.

— Nous allons vous conduire à l'hôpital, m'a dit un policier.

Même dans mon état d'ébriété et de confusion, je savais que c'était la meilleure chose à faire : je n'avais pas envie d'ajouter une septicémie à mes problèmes à cause d'un rasoir infecté. Mais j'aurais certainement réfléchi à deux fois avant de les suivre si j'avais su où ils me conduisaient.

13

La voiture s'est arrêtée à l'entrée d'un vieux bâtiment en brique délabré. Les deux policiers m'ont emmenée à l'intérieur et fait asseoir, toujours menottée, dans un bureau où un homme m'a posé une série de questions : avais-je déjà tenté de me suicider ? D'où venais-je ? Avais-je de la famille en Grèce ? Quel emploi occupais-je ?

— Je suis prostituée, ai-je dit.

Cette fois, le rire hystérique n'avait pas semblé sortir de ma gorge. Pourtant, quand j'ai regardé l'homme et l'infirmière à ses côtés, leur expression était tout sauf amusée.

— Je plaisante, ai-je rectifié. Je suis serveuse. Ma famille et mes amis me manquent. Je crois que j'ai juste craqué.

Il me semble avoir dit que je n'en pouvais plus et que je voulais tout simplement mourir. Mais je crois que la plupart de mes réponses étaient incohérentes, et certaines étaient carrément des mensonges.

Au bout d'un moment, l'homme s'est levé et a dit à l'infirmière :

— Bon. D'abord, il faut qu'on jette un coup d'œil à ces entailles et qu'on les nettoie.

La femme m'a conduite dans une autre salle et a badigeonné mes plaies aux bras, aux jambes, au visage, au cou et à la poitrine avec un liquide brun avant de repanser les plus graves.

— Super, ai-je dit lorsqu'elle a eu fini. C'est bon, je peux y aller, maintenant ?

Comme elle ne répondait pas, je me suis tournée vers les deux policiers. Mais ils étaient tout aussi muets. Ils ont regardé l'infirmière, l'un m'a souhaité bon courage, puis ils sont partis.

Ma gouaille (due à mon état dépressif et alcoolisé, mais qui tenait aussi de la fanfaronnade) est aussitôt retombée, et je leur ai crié :

— Hé ! Attendez ! Où allez-vous ? Qu'est-ce qui se passe ?

Je m'apprêtais à les suivre quand deux hommes en blanc ont surgi à la porte et m'ont planté une aiguille dans le bras.

Il me semble que j'ai continué à crier quelques secondes, mais ce n'était peut-être que dans ma tête. Puis, soudain, tous les muscles de mon corps se sont relâchés. J'ai tenté de me concentrer pour que mon cerveau envoie un message à mes jambes, mais sans succès. Alors, j'ai baissé les yeux pour m'assurer qu'elles étaient toujours là et j'ai éclaté de rire, mais un rire embarrassé cette fois.

Quelqu'un m'a aidée à monter sur un lit ; la même personne, je crois, m'a attaché les poignets aux barreaux du lit à l'aide de larges lanières de cuir. À ce stade, je ne distinguais plus rien ; ma tête était remplie d'une brume opaque, et ma vision était devenue floue.

Je me souviens que j'étais allongée sur le dos et que je fixais les lumières au plafond en me demandant pourquoi elles se déplaçaient. Puis je me suis retrouvée dans une chambre, toujours allongée. J'ai aperçu une fille assise sur le lit d'à côté ; elle serrait ses genoux dans ses bras en se balançant lentement d'avant en arrière. Elle ne me regardait pas, et je suis restée un moment à l'observer. J'ai fini par lui demander :

— Qu'est-ce que tu fais ? Pourquoi tu es là ?

Le son de ma voix m'a fait rire : elle était rauque et grave, rien à voir avec ma voix habituelle, et elle résonnait dans ma tête. Mais, là encore, peut-être n'ai-je pas posé ces questions à voix haute, parce que la fille a continué de se balancer sans répondre.

— J'ai un couteau ! ai-je crié en direction du couloir, probablement désert, que j'apercevais par la porte ouverte. Je l'avais caché dans mon tee-shirt ! Je vais me poignarder ! Ça y est, je me poignarde.

Évidemment, je n'avais aucun couteau, et, même si j'en avais eu un, mes bras étaient toujours attachés à la tête du lit. Je voulais uniquement attirer quelqu'un dans la chambre pour lui dire… Je ne sais même pas ce que je lui aurais dit. Mais peu importe, car personne n'est venu. Je ne me suis pas avouée vaincue pour autant : j'ai continué de hurler jusqu'à finir quasiment aphone et dévorée par la soif. La fille n'arrêtait pas de se balancer. Et personne ne venait.

Sans doute ai-je fini par m'endormir. Quand j'ai rouvert les yeux, un filet de lumière filtrait par la fenêtre à barreaux et je me sentais presque calme.

Je venais de me réveiller quand une infirmière est entrée. Elle m'a détaché les poignets et m'a proposé de prendre une douche. Je me suis sentie mieux une fois propre, mais je ne pouvais pas m'empêcher de pleurer. L'infirmière s'est assise à côté de moi sur le lit et m'a parlé d'une voix douce et amicale. Elle m'a ensuite conduite à la cantine, où, malgré mon jeûne d'au moins vingt-quatre heures, je n'ai rien pu avaler d'autre qu'un peu de jus d'orange.

Comme on m'avait bourrée de médicaments, tout ce qui s'est passé au cours des jours suivants se mélange dans ma tête. Je sais qu'à un moment donné, le même jour peut-être, après le petit déjeuner, l'infirmière m'a emmenée faire une promenade dans le vaste parc de l'hôpital. Au-delà de la pelouse entourant le bâtiment s'étendait un petit bois, derrière lequel courait un haut mur d'enceinte, surmonté de barbelés et de caméras, avec deux grandes grilles. Je crois que c'est en voyant ces grilles que j'ai compris que j'avais été internée dans un hôpital psychiatrique.

Le même jour, on m'a conduite à nouveau dans le bureau où j'avais été questionnée la veille par un homme, qui s'est avéré être le médecin-chef de l'hôpital.

J'avais failli me tuer et j'étais internée dans un asile psychiatrique dans un pays étranger. Malgré cela, la seule chose qui m'inquiétait était de savoir ce que j'avais hurlé en sortant de l'appartement avec la police. Je savais que j'avais parlé de Christoph, mais je ne me rappelais plus si j'avais prononcé son nom. Je n'arrêtais pas de me dire qu'il avait peut-être été caché dans l'ombre à me surveiller et qu'il m'avait entendue.

Je crois que j'ai passé le reste de la journée allongée sur mon lit, à me remettre de tout l'alcool ingurgité la veille et à me morfondre. À un moment donné, après mon entrevue avec le psychiatre, on m'a remis les affaires que contenait mon sac quand la police m'avait trouvée. Mon téléphone n'a pas tardé à sonner.

— Où es-tu ? m'a demandé Christoph d'une voix furieuse. La femme qui me loue l'appartement m'a dit que tu avais fichu la pagaille et elle ne veut plus me le louer. Qu'est-ce que t'as fait ? Qu'est-ce qui se passe ?

— Je me suis soûlée, ai-je expliqué d'une voix de petite fille prise en faute. Je suis désolée, j'ai fait une bêtise. Je me suis coupée, exprès ; alors, la police m'a arrêtée. Là, je suis dans un hôpital.

J'attendais qu'il explose, mais, quand il s'est remis à parler, son ton avait changé du tout au tout.

— Pourquoi, chérie ? a-t-il demandé. Ça me rend si triste que tu te sois fait du mal. Pourquoi tu as fait ça ? Qu'est-ce qui t'a pris ?

— Je suis désolée, ai-je répété tout bas.

— Qu'est-ce que tu leur as raconté, à l'hôpital ? a-t-il insisté.

— Ils pensent que j'ai des « problèmes ». Ils m'ont donné des médicaments et ont dit que j'avais besoin d'aide.

— Je crois qu'ils ont raison, chérie.

Il a repris son ton attentionné :

— Je crois que tu t'es surmenée ces dernières semaines. Je m'en étais rendu compte et je me dis que j'aurais dû te conduire moi-même à l'hôpital. Suis-je autorisé à te rendre visite ?

J'ai répondu que je me renseignerais et, doucement, sans que je m'en rende compte, il a commencé à refermer une fois de plus son piège autour de moi.

Lorsqu'il est venu me rendre visite le lendemain, il tenait dans une main un énorme bouquet de fleurs, derrière lequel on le voyait à peine, et dans l'autre un sac rempli de friandises. J'ai expliqué aux gens de l'hôpital que Christoph était un ami qui s'occupait de moi, et il a déployé des trésors de charme et de politesse à leur égard. En dépit de tout ce qui s'était passé, je n'ai pas pu m'empêcher d'être heureuse de le voir.

Les patients et leurs visiteurs pouvaient aller s'asseoir dans une salle pour bavarder ou marcher dans le parc. Christoph m'a d'abord suivie jusque dans ma chambre le temps que je range ce qu'il m'avait apporté. Ma compagne de chambre (la fille au regard vide qui passait plusieurs heures par jour à faire le balancier) n'était pas là. Il n'y avait donc personne pour le voir poser sa main sur mon bras en murmurant :

— T'imagines pas combien ça me manque de baiser avec toi. J'ai tellement hâte que les choses reviennent à la normale. Je vais te trouver un joli petit appartement quand tu iras mieux. Je crois qu'il est grand temps que tu te reposes. Tu devrais peut-être prendre des vacances. T'en fais pas, ma petite. Je vais arranger ça.

Christoph m'appelait souvent « ma petite » et j'aimais bien. J'avais toujours voulu être la « petite » de quelqu'un. Un temps, j'avais cru être la « petite » de Jak, et ça m'avait donné le sentiment d'être spéciale. Enfant, je pensais être la « petite » de mon père, jusqu'à ce qu'il se bousille le cerveau à coups d'alcool et de drogues et finisse par ne plus s'intéresser à rien ni personne. C'est drôle comme quelque chose d'aussi insignifiant pouvait avoir autant d'importance à mes yeux. Ce terme que Christoph employait était une des raisons qui m'avaient convaincue qu'il tenait réellement à moi. Parmi les autres, il y avait ce déficit affectif, qui me poussait à me mentir à moi-même, et mon absence totale de discernement en ce qui concernait les hommes et les relations.

Christoph a ajouté du même ton doux et rassurant :

— Si tu leur parles de ce que tu faisais, personne ne te croira. Ils penseront que tu es folle et ils te garderont enfermée ici à vie. En imaginant qu'ils te croient, et que j'aie des ennuis à cause de toi, t'auras signé ton propre arrêt de mort – et aussi celui de ta mère.

Rien d'étonnant à ce que je n'aie jamais cessé d'être désorientée et indécise…

On m'a administré un tas de médicaments pendant mon passage à l'hôpital, parmi lesquels un antidépresseur, ainsi qu'un médicament destiné à booster les effets de l'antidépresseur et un autre encore pour réduire l'anxiété. J'avais également une séance d'évaluation quotidienne avec le psychiatre.

À aucun moment je ne lui ai parlé de Christoph, ni de ce j'avais vécu durant ces six longues années. Mais je soupçonnais le médecin de l'avoir deviné. À mesure que les jours devenaient des semaines, il me disait souvent que je faisais des progrès. Un jour, il m'a dit :

— Je ne crois pas que vous ayez réellement envie de vous tuer, n'est-ce pas, Megan ? Je crois que vous aviez une raison bien précise de faire ce que vous avez fait. Si vous avez besoin d'aide, nous pouvons vous protéger, vous savez ?

Il était gentil, et, même si je doutais qu'il puisse vraiment me protéger à long terme de Christoph, je savais que ses bonnes intentions étaient sincères. En fait, aussi étrange que cela puisse paraître, je me sentais bien à l'hôpital. Pour la première fois depuis des années, je me sentais en sécurité. J'avais l'impression d'être dans une bulle invisible et impénétrable : je pouvais prendre part aux événements qui m'entouraient en restant protégée et à l'abri. Une autre chose que j'aimais là-bas était que je me faisais des amis et que j'avais des gens à qui parler.

Il y avait une vieille dame en particulier avec qui j'avais sympathisé. Elle était généralement douce et aimable ; cela dit, il arrivait qu'on parle et qu'elle vous envoie « vous faire fiche ». Mais, comme elle n'était jamais agressive ni méchante, ça faisait plutôt rire les gens. Un jour, elle m'a donné une petite boîte entourée d'un ruban rose. En soulevant le couvercle, j'ai cru qu'elle ne contenait que du coton… jusqu'à ce que je voie la croix en argent.

— C'est pour toi, m'a-t-elle dit. C'est un cadeau. Je voulais que tu l'aies.

Il y avait également une carte où il était écrit *Bonne chance* en grec. Je les ai toujours – la croix et la carte – et elles comptent toutes deux parmi ce que j'ai de plus cher.

Peut-être faut-il avoir connu un temps la privation de contact humain pour réaliser l'importance d'interagir avec les gens. Depuis que Jak m'avait laissée seule à Athènes, j'avais eu peu d'occasions d'échanger des banalités comme cela peut nous arriver par exemple dans un magasin. La plupart du temps, je travaillais seule dans des bordels, puis je regagnais une chambre d'hôtel ou un appartement, où je me retrouvais à nouveau seule.

Peu à peu, la solitude s'était accumulée en moi jusqu'à devenir une chose presque palpable. Cette solitude et cet isolement avaient sûrement contribué à me rendre dépendante de Christoph, et c'est pourquoi je trouvais aujourd'hui si agréable que tout le monde à l'hôpital se montre si attentionné à mon égard.

Christoph me rendait visite quasiment un jour sur deux. Nous marchions dans le parc, et il me parlait de l'appartement qu'il allait me trouver. Il m'assurait que tout serait différent quand je serais rétablie.

Et jamais il n'oubliait de réitérer ses mises en garde et de me rappeler ce qui se passerait si je révélais la vérité aux gens de l'hôpital (évidemment, il n'employait jamais le mot « vérité »).

Même si je m'y sentais en sécurité, je savais que, mon état s'améliorant, je ne pourrais pas rester éternellement à l'hôpital. Un matin, alors que j'allais entamer mon quatrième mois, j'étais étendue sur mon lit et je pleurais en priant pour sortir de ce pétrin dans lequel j'étais embourbée, quand une infirmière est entrée dans ma chambre. Je n'ai pas remarqué sa présence jusqu'à ce qu'elle s'assoie à côté de moi sur le lit et me prenne la main en disant :

— Ne t'en fais pas, Megan. Ça va aller.

Le lendemain, quand je me suis rendue à ma séance avec le psychiatre, il m'a posé les questions habituelles et m'a fait part de sa satisfaction face aux progrès que j'avais faits. Puis il a dit :

— J'ignore ce qui s'est passé exactement, mais je sais que vous avez des ennuis. Je ne vous demanderai pas de parler de choses dont vous ne voulez pas parler, mais nous voulons vous aider. Vous le comprenez, n'est-ce pas ?

Il m'a tendu un mouchoir et j'ai essuyé mes larmes, puis j'ai hoché la tête.

— D'accord, a-t-il repris. Alors, répondez simplement à cette question : avez-vous besoin de notre aide ?

— Oui, ai-je murmuré.

— Bien, a-t-il répondu avec un soulagement qui semblait sincère. Dans ce cas, il faut que vous quittiez la Grèce. Vous n'êtes pas en sécurité ici. Y a-t-il quelqu'un en Angleterre qui pourrait s'occuper de vous ?

Le médecin savait déjà que ma mère vivait sur la côte grecque avec son compagnon.

— J'ai mes grands-parents en Angleterre, ai-je dit. Ils habitent près de Londres. Je ne connais pas leur numéro de téléphone, mais ma mère doit l'avoir. Je suis sûre qu'ils accepteraient de s'occuper de moi.

En disant cela, je me suis soudain revue petite fille, assise à la table de la cuisine dans la maison de mes grands-parents, regardant un livre avec mon grand-père. Je crois que j'avais accepté l'idée de ne plus jamais les revoir, ni lui ni ma grand-mère. Et là, tout d'un coup, cela devenait une possibilité à laquelle je me raccrochais avec la force du désespoir.

— D'accord. Dans ce cas, je dois d'abord m'entretenir avec votre mère.

Il a posé ses paumes à plat sur la table un moment avant de décrocher le téléphone.

Depuis aussi longtemps que je me souvienne, sans doute depuis ma plus tendre enfance, la réaction de mon corps devant une très forte angoisse a été de trembler. Ça peut être embarrassant, car ce n'est pas qu'un petit tremblement : les gens le remarquent et je ne peux pas m'en empêcher. Ce jour-là, je tremblais comme une feuille sur ma chaise tandis que le médecin parlait à ma mère, car je savais qu'un processus s'était mis en branle. Un processus qui pourrait soit régler ma situation, soit l'aggraver considérablement. Lors de mon admission, je n'avais pas voulu que ma mère sache que j'étais internée, j'avais demandé qu'elle ne soit pas prévenue. Je n'avais pas eu de mal à maintenir l'apparence, par le biais de textos ou de coups de fil occasionnels, que tout allait bien pour moi, encore moins maintenant que je me trouvais en sécurité à l'hôpital.

Après tout, j'y arrivais bien à l'époque où je menais une vie violente en tant que prostituée… Je savais cependant qu'en entendant la vérité, ma mère recevrait un choc. En fait, le médecin s'est contenté de lui dire que j'avais été internée suite à une tentative de suicide et qu'il me croyait en grand danger si je restais à Athènes. Visiblement, maman n'arrivait pas à intégrer ce qu'il lui disait et il a dû répéter les choses plusieurs fois et la rassurer sur mon état actuel.

— Votre fille m'a dit qu'elle avait des grands-parents en Angleterre qui pourraient s'occuper d'elle, a ensuite expliqué le médecin. Si nous la laissons sortir et que nous la conduisons auprès de vous, accepteriez-vous de la raccompagner en Angleterre ?

Maman a dû répondre oui.

— Dans ce cas, il faudrait que je parle à ses grands-parents. Pourriez-vous me communiquer leur numéro de téléphone ?

Avant qu'il raccroche, j'ai pu échanger quelques mots avec ma mère pour lui indiquer que j'allais mieux et que je lui raconterais tout quand je la verrais. Une fois que le médecin eut parlé à mon grand-père, lui expliquant à peu près la même chose qu'à ma mère, il m'a passé le téléphone. J'avais appris depuis longtemps à contenir mes larmes chaque fois que j'appelais ma mère, mais il y avait des années que je n'avais pas entendu la voix de mon grand-père et j'ai éclaté en sanglots, si bien qu'il n'a probablement pas compris grand-chose de ce que je lui disais. Le choc avait dû être encore plus grand pour lui que pour maman : recevoir comme ça un coup de téléphone, après tout ce temps... Il semblait ahuri, mais n'arrêtait pas de me rassurer et de me répéter – comme il avait dû le dire au médecin – que lui et ma grand-mère s'occuperaient de tout une fois que je serais rentrée en Angleterre.

Plus tard dans la journée, une des infirmières m'a dit :

— Il va nous falloir votre passeport. Savez-vous où il est ?

— Il est dans l'appartement où j'habitais, ai-je menti. Je demanderai à mon ami de passer le chercher et de me l'apporter la prochaine fois qu'il me rendra visite.

— Bonne idée, a-t-elle répondu.

Bien qu'elle n'en ait rien montré, je doute qu'elle ait été dupe.

Quand Christoph m'a appelée, je lui ai demandé de m'apporter mon passeport à sa prochaine visite.

— Les gens de l'hôpital me l'ont réclamé. Ils en ont besoin pour mon dossier. Je leur ai dit qu'il était à l'appartement et que je te demanderais de passer le chercher.

— Pourquoi n'as-tu pas dit que tu l'avais perdu ? s'est-il emporté. Bon Dieu, Megan, tu le fais exprès ?

Néanmoins, il a dû comprendre qu'il était trop tard, et que, s'il ne le rapportait pas, cela risquait d'engendrer un tas de questions et de complications qui, de son point de vue, n'étaient guère souhaitables.

— Je te l'apporterai demain, a-t-il cédé en se forçant à reprendre un ton aimable. Et je t'apporterai aussi des friandises.

Quand il est venu le lendemain, nous avons marché dans le parc, comme les fois précédentes. D'ordinaire, ses visites me faisaient plaisir, mais, ce jour-là, j'étais impatiente qu'il parte. Les infirmières ont fait preuve envers lui de leur politesse froide habituelle, mais ma paranoïa était décuplée. Je n'arrêtais pas de me dire : « Et s'il lisait dans mes pensées ? » Alors, quand il m'a expliqué qu'il allait être occupé dans les jours à venir et qu'il ne pourrait pas venir me voir, mon premier réflexe a été de croire qu'il s'agissait d'un piège pour tester ma réaction. Par chance, j'ai réussi à répondre calmement, sans doute en partie grâce aux comprimés.

Cela semble ridicule à dire aujourd'hui, mais j'éprouvais des sentiments mitigés, ce jour-là, en regardant Christoph partir dans le couloir. Quand il s'est retourné sur le pas de la porte pour me faire un signe, j'ai retenu mon souffle pour ne pas éclater en sanglots. Dès qu'il a été parti, j'ai remis mon passeport aux gens de l'hôpital et, le lendemain matin, une infirmière m'a aidée à mettre dans une valise les quelques vêtements que Christoph m'avait apportés au fil des semaines.

Paradoxalement, j'étais très triste de quitter l'hôpital. Durant les mois que j'y avais passés, personne ne m'avait adressé de parole dure, de méchanceté ou de reproche. (Les invitations de la vieille dame à aller « me faire fiche » ne comptaient pas, évidemment, car je savais qu'elle disait ça comme ça.) J'ignorais ce que l'avenir me réservait, et l'idée de franchir le mur d'enceinte sécurisant de l'hôpital était très intimidante et terrifiante.

Dans la matinée, une infirmière et un employé m'ont conduite en voiture à la gare routière et m'ont acheté un billet pour la ville côtière où ma mère et Nikos habitaient. Ils avaient beau ne pas me quitter d'une semelle, je ne pouvais m'empêcher de lancer des regards inquiets autour de moi : je m'attendais à voir le visage de Christoph surgir de la foule, j'étais persuadée que quelqu'un m'espionnait pour voir dans quel autocar je montais.

Puis mon car est arrivé, et les portes se sont ouvertes. L'heure du départ était venue. J'ai fondu en larmes quand l'infirmière m'a serrée dans ses bras en me souhaitant bonne chance.

— Tiens, c'est pour toi, m'a-t-elle dit en me tendant un bracelet. Le symbole dessus est un œil de Fatima. Il éloigne le mauvais œil. Fais attention à toi, Megan. Et que Dieu te protège.

Je ne sais pas si j'aurais été capable de monter à bord du car si je n'avais pas su que ma mère m'attendrait à l'arrivée. Mais je suis montée. Et, tandis que j'attendais que le chauffeur ferme les portes et démarre, j'ai tenté de me concentrer sur ma respiration afin de contenir la panique qui menaçait déjà de me submerger.

Je redoutais le long voyage d'Athènes jusqu'à la côte, et il s'est avéré en tous points aussi difficile que je l'imaginais. À aucun moment je n'ai pu me détendre. Je sursautais chaque fois que quelqu'un passait près de moi pour se rendre aux toilettes situées à l'arrière du car et je devais constamment prendre sur moi pour ne pas me retourner et vérifier si les gens ne me regardaient pas. Puis j'ai commencé à m'inquiéter pour autre chose : et si les comprimés que je prenais cessaient de faire effet et que ma paranoïa augmente peu à peu jusqu'à virer à l'épisode maniaque ?

Il y avait des années que je pensais souffrir de paranoïa (bien avant ma tentative de suicide et mon internement à l'asile). En fait, j'ai continué de le croire jusqu'à récemment, quand j'ai vérifié la signification de ce mot. Une des définitions dit qu'il s'agit d'un « raisonnement irrationnel, voire délirant » ; une autre que c'est « la conviction que des gens vous veulent du mal, en l'absence de toute preuve convaincante de cette menace » ; une autre encore dit que c'est « la peur infondée qu'un événement malheureux va se produire et que les gens en sont responsables ».

Donc, peut-être qu'en fait je n'ai jamais souffert de paranoïa, car la plupart de mes peurs ne relevaient pas d'un délire et n'étaient pas non plus infondées. Quand, des années durant, vous avez subi des sévices physiques et psychologiques au quotidien, vous disposez d'une quantité de « preuves convaincantes » que des gens vous veulent du mal : mes peurs étaient par conséquent parfaitement rationnelles. En soi, c'est déjà rassurant.

Si je débordais d'excitation à l'idée de revoir ma mère pour la seconde fois en six longues années, j'étais également terrifiée. Il était minuit passé quand l'autocar est arrivé à la gare routière.

Dès que les portes se sont ouvertes, j'ai aperçu ma mère. Je suis descendue du car, j'ai lâché ma valise et j'ai couru vers elle. Nous nous sommes étreintes en pleurant. Maman s'est alors reculée pour me regarder, et j'ai lu le choc et le désarroi sur son visage.

— Qu'est-ce qui s'est passé ? m'a-t-elle demandé. Je ne comprends pas, Megan. Je pensais que tout allait bien pour toi à Athènes. Je te croyais heureuse. Viens, rentrons à la maison.

Tandis que nous regagnions à pied et par des rues quasi désertes l'appartement que ma mère habitait avec Nikos, elle m'a redemandé :

— Qu'est-ce qui a bien pu se passer, Megan ?

Que pouvais-je lui répondre quand je ne comprenais même pas vraiment moi-même ? À ce moment-là, je continuais de m'accrocher à l'idée que Jak m'avait aimée, que tous les événements qui s'étaient produits résultaient d'un terrible et inexplicable malentendu et qu'il n'avait pas souhaité cette vie pour moi en m'emmenant à Athènes à l'âge de quatorze ans.

Nikos nous attendait quand nous sommes arrivées à l'appartement. Il semblait tendu et anxieux, et il a fondu en larmes en me prenant dans ses bras. J'avais maintes fois essayé d'imaginer ce que ma vie aurait pu être durant toutes ces années si j'étais restée dans cette petite ville côtière auprès de maman et de Nikos. Maintenant que j'étais revenue, je craignais de me réveiller et de découvrir que mon retour n'était qu'un rêve.

Tout ce que maman et Nikos savaient, c'était ce que le médecin avait expliqué à maman au téléphone : que j'avais fait une tentative de suicide et qu'on me soignait pour une dépression et des crises d'angoisse.

Comme je n'avais jamais dormi plus de quelques minutes d'affilée dans le car et que j'étais épuisée, nous n'avons pas beaucoup parlé cette nuit-là. Je leur ai cependant révélé que, depuis que j'étais arrivée à Athènes avec Jak, j'avais travaillé comme prostituée.

— Mais les photos ? a bredouillé maman en croisant ses bras sur sa poitrine. Tu étais toujours souriante sur les photos. Tu avais l'air si heureuse.

— Elles étaient toutes truquées, ai-je expliqué.

J'ai eu énormément de mal à leur dire la vérité. Pendant six ans, ils avaient cru que je menais brillamment ma vie à Athènes, et je détestais devoir les décevoir et me couvrir de honte. Je crois que maman était si remuée par mes explications qu'elle n'arrivait pas à les assimiler. Nikos comprenait très bien, en revanche ; il s'était pris la tête entre les mains en pleurant. Tout à coup, il s'est levé en bousculant la table basse et a crié avec colère :

— C'est Jak qui t'a embarquée là-dedans ! Il ose venir dans mon bar et me parler comme à un ami après ce qu'il t'a fait !

Ce n'est que bien plus tard, une fois rentrée en Angleterre, que j'allais raconter à maman en détail ce que j'avais vécu à Athènes. Ce soir-là, en présence de Nikos, je me suis contentée d'expliquer que j'avais été arrêtée avec Christoph et que j'avais eu trop peur de dire la vérité quand la juge m'avait demandé si quelqu'un me forçait à me prostituer.

— Oh ! mon Dieu, Megan ! s'est écriée ma mère.

Son visage est devenu blême, et j'ai cru qu'elle allait s'évanouir.

— Ils en ont parlé aux infos, tu t'en souviens, Nikos ? Tu imagines ? On était assis là à regarder la télé pendant que toi, tu vivais le cauchemar dont parlaient les infos.

Le lendemain matin, j'ai sorti la carte SIM de mon téléphone et jeté l'appareil dans une poubelle dans la rue. Je ne sais pas pourquoi j'ai conservé la carte SIM. Je crois que, dans mon esprit perturbé, j'avais encore des sentiments pour Christoph et que je rechignais malgré tout à rompre le dernier lien qui me rattachait à lui. C'est difficile à dire, moi-même je peine à me l'expliquer, mais, une fois de plus, je crois que c'était en partie dû à mon refus d'accepter que je n'avais jamais eu la moindre importance aux yeux de Christoph. En règle générale, ça fait mal d'admettre que quelqu'un pour qui vous aviez des sentiments n'a jamais rien ressenti pour vous. Mais c'est encore plus dur de se dire qu'à ses yeux, vous n'étiez rien d'autre qu'une marchandise qu'on pouvait acheter, vendre et jeter sans aucun remords dès qu'elle n'était plus rentable.

Maman a pleuré de plus belle quand je lui ai appris que j'avais eu la syphilis. Et elle a enragé quand je lui ai parlé du jour où, dans la voiture, Christoph m'avait montré une photo d'elle prise dans le bar de Nikos et qu'il avait menacé de nous tuer si jamais je le dénonçais.

— J'aurais bien voulu qu'il essaie, a-t-elle rétorqué. Si j'avais su ce qu'il te faisait subir, je l'aurais peut-être tué de mes propres mains. S'il croit que j'ai peur de lui, il se fourre le doigt dans l'œil.

Je comprenais qu'elle veuille me protéger, mais, si elle avait vu comme moi ce dont Christoph était capable, elle aurait su que, s'il décidait un jour de s'en prendre à nous, nous n'avions pas une chance.

J'avais beau continuer de prendre les comprimés qu'on m'avait donnés à l'hôpital, je n'en sursautais pas moins chaque fois que j'entendais une voiture démarrer sur les chapeaux de roue, une portière claquer ou même un éclat de voix. Je n'avais pas réalisé avant de me retrouver à nouveau parmi des gens à quel point la peur s'était insinuée en moi. Maman a tenté de me rendre aussi agréables que possible les derniers jours que je devais passer en Grèce, mais j'avais l'impression de ne plus être à ma place dans la société normale. J'étais constamment mal dans ma peau, que ce soit dans un supermarché, à la table d'un café ou dans une rue bondée en plein jour. Où que nous nous trouvions, je n'arrivais pas à me défaire de l'impression que nous étions épiées et suivies.

Je n'étais pas seulement inquiète à l'idée que Christoph envoie quelqu'un pour me retrouver et me ramener à Athènes, je pensais également à Jak. J'étais revenue depuis trois jours quand, un après-midi, je l'ai vu qui sortait d'un supermarché. Maman et moi étions en train de nous frayer un chemin entre les bacs de raquettes de plage et les présentoirs de cartes postales pour entrer dans un magasin, et elle ne l'a pas remarqué. Quand Jak m'a aperçue et qu'il m'a fait signe, je suis restée en retrait et j'ai laissé ma mère entrer seule dans la boutique.

— Où étais-tu ? s'est-il exclamé en me prenant par la main. Je n'arrivais plus à te joindre. J'ai tout essayé.

Il a continué en pleurant :

— J'ai envoyé des gens à ta recherche. Qu'est-ce qui s'est passé, Megan ?

Je ne sais pas si ce sont ses larmes qui m'ont convaincue, ou si je l'aurais cru quoi qu'il ait dit ou fait, simplement parce que j'avais désespérément envie de le croire, mais j'étais folle de joie en apprenant qu'il m'avait cherchée. Jamais il n'avait voulu m'abandonner à Athènes aux griffes de ces trafiquants et de ces proxénètes !

Aussi, quand il a déchiré un coin de son journal pour y griffonner son numéro de téléphone, j'ai accepté le bout de papier et lui ai promis de lui envoyer un texto dans la journée. Puis j'ai respiré à fond une paire de fois pour contrôler mon excitation et je suis rentrée rejoindre maman dans la boutique.

Une fois revenue à l'appartement, j'ai demandé à Nikos de me prêter un téléphone. À peine y avais-je inséré ma carte SIM qu'il s'est mis à sonner. L'appel provenait de Christoph (tout comme les dizaines de textos et d'autres appels en absence qui affluaient sur le téléphone). Je n'ai pas répondu, évidemment, et Christoph a continué d'appeler et d'envoyer des messages pendant que je composais mon texto. Jak m'a répondu presque immédiatement. Dans un texto, il me donnait rendez-vous une demi-heure plus tard devant le magasin où nous nous étions rencontrés dans l'après-midi.

N'ayant pas encore parlé à maman des hommes qui m'avaient vendue, je crois qu'elle n'imaginait pas ce qu'ils étaient : des criminels sans pitié s'enrichissant grâce à la traite d'êtres humains. Autrement, elle aurait sans doute réagi différemment quand, quelques minutes plus tard, je lui ai dit que je sortais marcher un peu.

En fait, je crois qu'elle y voyait un signe que je commençais à reprendre confiance en moi et elle en était heureuse.

14

Jak m'attendait à la sortie du supermarché. Il était assis au volant d'une voiture flambant neuve, ce qui fait que je ne l'avais pas remarqué au premier abord, car je pensais le trouver sur sa vieille moto ou une autre du même genre.

Il s'est penché pour m'ouvrir la portière et je me suis installée à côté de lui, puis il a emprunté la route en lacets qui menait jusqu'à la mer.

Arrivé en bas, il s'est arrêté, et c'est seulement quand nous sommes descendus de voiture que je me suis aperçue que nous nous trouvions au-dessus de la plage où l'on s'asseyait à l'époque avec ses amis. Le soleil était bas dans le ciel, presque sur la ligne d'horizon, et des milliers de petits miroirs scintillants semblaient s'agiter à la surface de l'eau.

J'ai entendu un bruit de moto au loin et, à mesure qu'il se rapprochait, j'ai reconnu son vrombissement métallique caractéristique.

— Vite ! ai-je crié à Jak, affolée. Remonte dans la voiture ! Il ne faut pas que Nikos me voie avec toi.

J'essayais d'ouvrir la portière quand Nikos est arrivé au détour d'un virage sur sa vieille Mego. Je me suis baissée sans savoir s'il m'avait vue, et mon cœur battait la chamade tandis que Jak repartait sur la route dans la direction opposée.

— Ramène-moi au magasin, ai-je demandé à Jak. Il ne faut plus qu'on nous voie ensemble. Maman et Nikos t'accusent de tout ce qui s'est passé. Moi aussi, je te croyais responsable. Mais...

J'ai laissé ma phrase en suspens, et Jak n'a pas relevé. Pendant qu'il me ramenait au magasin, il m'a parlé de la maison qu'il s'était fait bâtir : la réalisation d'une vieille ambition, disait-il en oubliant que ce rêve avait autrefois aussi été le mien.

Alors que je descendais de voiture, il m'a attrapé la main et m'a dit :

— Restons en contact, Megan. Tu sais combien je t'aime, non ? Je suis vraiment navré de ce qui t'est arrivé. Je n'étais absolument pas au courant, je te jure. Je n'ai pas reçu le moindre euro de l'argent que tu gagnais.

Je l'ai regardé partir, puis je suis entrée dans le supermarché et j'ai acheté une grande bouteille de retsina, que j'ai cachée au fond de mon sac.

De retour à l'appartement, j'ai trouvé maman et Nikos en train de m'attendre.

— Qu'est-ce que tu fabriquais ? m'a demandé ma mère dès que j'ai franchi la porte.

— Je t'ai vue ! s'est exclamé Nikos, l'émotion dans la voix. Je vous ai vus tous les deux ! J'ai essayé de vous suivre, mais il roulait trop vite. Pourquoi tu n'es pas rentrée avec moi à moto ?

— Qu'est-ce qui ne va pas chez toi, Megan ? a dit maman, désemparée. Seigneur ! Pourquoi tu es retournée le voir ?

— Laissez-moi tranquille ! ai-je répondu. Vous ne savez *rien du tout* ! Jak n'avait rien à voir dans tout ça. Mais, rassurez-vous, je ne compte pas le revoir…

— Oh ! Megan !

Mon indignation est un peu retombée quand j'ai vu le chagrin dans les yeux de ma mère, et plus encore quand Nikos a ajouté, dans un murmure angoissé :

— Si seulement tu pouvais rentrer en Angleterre aujourd'hui même, au moins, je te saurais en sécurité…

Je ne voulais pas parler ; je n'avais pas envie de penser à la maison de Jak, à sa voiture coûteuse, ni à ses dents inégales et décolorées, qu'il n'avait jamais eu les moyens de faire soigner, aujourd'hui admirables de blancheur et de régularité. Je suis allée m'asseoir sur le lit dans la pièce qui faisait office de chambre d'amis et j'ai ouvert la bouteille de vin grec.

Je buvais directement au goulot en la cachant dans mon sac après chaque gorgée. J'en avais vidé un bon quart et je portais la bouteille à mes lèvres quand maman est entrée.

Elle avait commencé une phrase en ouvrant la porte, mais, lorsqu'elle a vu ce que j'étais en train de faire, elle est restée bouche bée pendant quelques secondes. Tout à coup, elle a pété les plombs et s'est mise à m'enguirlander :

— Qu'est-ce que tu fais ? Tu ne vas pas tomber dans l'alcool ? C'est ça, ton programme ? Te mettre à boire en croyant que ça va arranger tes problèmes ?

Elle m'a arraché la bouteille des mains en renversant du vin sur les couvertures.

Sa colère est retombée aussi vite qu'elle était montée, et elle s'est laissée tomber à côté de moi sur le lit en disant :

— S'il te plaît, Megan. Ne fais pas ça, je t'en prie. Ce n'est pas la solution. Tu le sais, n'est-ce pas ?

Elle semblait lasse, désespérée, et a ajouté d'un ton soucieux :

— Il ne faut pas que Nikos apprenne ça. Il est déjà mort d'inquiétude pour toi. Il s'en veut de ne pas avoir vu clair dans le jeu de Jak. S'il savait que tu t'adonnes à la boisson, ça lui briserait le cœur.

Ce soir-là, maman et moi sommes sorties marcher jusqu'au front de mer, et nous nous sommes assises à la terrasse d'un café pour prendre une glace.

Je n'avais pas remarqué les deux hommes à la table voisine, jusqu'à ce que l'un d'eux se penche vers moi et dise en albanais :

— Megan ? C'est bien toi ? Salut !

L'homme s'appelait Vasos ; il était marié à l'une des cousines de Jak et j'avais fait sa connaissance (et sympathisé avec lui) quand j'habitais chez les parents de Jak.

— Tu as drôlement changé, a-t-il dit. Mais il faut dire que je ne t'ai pas vue depuis des années. Tu étais rentrée en Angleterre ? Qu'est-ce que tu as fait tout ce temps ?

Je ne sais pas s'il savait. Probablement que oui, j'imagine. Au lieu de répondre à sa question, je l'ai interrogé au sujet de Jak ; je voulais savoir ce qu'il avait fait en mon absence.

— Oh ! ben, il a travaillé et mené sa nouvelle petite vie ! a-t-il dit en haussant les épaules d'un air embarrassé. La vie, quoi.

— Et elle ressemble à quoi, sa nouvelle vie ? ai-je répliqué. Est-ce qu'il a... quelqu'un ? Une petite amie ?

Vasos a haussé à nouveau les épaules et détourné le regard.

— C'est bon, ai-je insisté en tentant de prendre un ton détaché. Tu peux me le dire. Je veux juste savoir ce qu'il devient.

Peut-être Vasos était-il simplement un type bien. Je ne vois pas quelle autre raison il aurait eu de m'avouer la vérité, si ce n'est de la sympathie devant mon évidente déception.

— Jak est marié, a-t-il expliqué. Il a économisé pas mal d'argent pour que sa femme et lui puissent avoir une bonne vie.

Comme nous discutions en albanais, maman ne comprenait pas ce que nous disions. Mais ma peine, vive comme une douleur physique, devait vraisemblablement se lire sur mon visage, car elle m'a rapidement poussée à partir.

Peut-être Vasos avait-il essayé de me faire comprendre que, quoi qu'il ait pu y avoir entre Jak et moi à l'époque, c'était fini. Il aurait fallu être bien plus atteinte que je ne l'étais pour continuer de croire que Jak ait pu un jour m'aimer vraiment.

C'était la première fois que je regardais la vérité en face : pendant que j'avais été prisonnière d'un cauchemar solitaire de violence et d'humiliation, Jak « économisait » l'argent qu'il avait gagné pour épouser une autre fille et bâtir la maison où il me promettait que nous habiterions un jour avec nos enfants. L'idée qu'il puisse vivre dans « notre maison » avec cette autre femme était presque plus insupportable que tout le reste.

Je n'ai plus jamais revu Jak. La brève conversation que j'avais eue avec Vasos ce soir-là m'avait forcée à admettre qu'il n'était qu'un criminel égoïste, dénué de scrupule et de moralité.

Mais ce n'est que très récemment que j'ai véritablement cessé de lui trouver des excuses et accepté de reconnaître ce qu'il avait fait.

Une des nombreuses vérités sur lesquelles il m'a fallu ouvrir les yeux est que j'avais abordé ce que j'imaginais être « ma vie avec Jak » en me voyant comme une héroïne.

Je l'avais cru quand il m'avait dit que sa mère était gravement malade et, d'une certaine façon, j'avais été fière de moi à l'idée que l'argent que je gagnerais permettrait de payer l'opération qui lui sauverait la vie.

Ou peut-être n'était-ce que ma manière de justifier mon choix à l'époque, pour ne pas avoir à regarder la réalité en face, à savoir que j'étais naïve, manipulable et pas assez sûre de moi pour refuser.

Le jour où j'ai enfin compris, tout mon monde s'est écroulé autour de moi. D'une certaine manière, j'aurais préféré ne jamais apprendre la vérité ; ainsi, j'aurais tout au moins pu garder l'illusion qu'il m'avait aimée et avait tenu à moi.

Maman et moi avons pris l'avion pour l'Angleterre à la fin de la semaine.

Nous ne nous sommes pas installées chez mes grands-parents comme prévu, mais nous les avons rencontrés quelques jours après notre retour. Nikos avait insisté pour donner à maman ce qu'il fallait pour subvenir à nos besoins jusqu'à ce qu'on décide de la prochaine étape. Elle nous avait réservé une chambre dans un *bed & breakfast* à quelques pas de là où habitaient quelques-uns de ses amis.

Quelques jours après notre retour, maman a pris rendez-vous pour moi chez un médecin. Je ne lui ai pas révélé ce que j'avais fait en Grèce et me suis contentée d'expliquer que j'avais souffert de dépression. Je lui ai montré les comprimés que le psychiatre m'avait donnés. Il a examiné les étiquettes sur les flacons, puis les a tous balancés dans la corbeille près de son bureau.

— Prenez simplement ceux-ci, a-t-il dit en me tendant une ordonnance de Prozac.

En ressortant du cabinet du médecin, maman m'a emmenée dans une pharmacie pour obtenir le nouveau médicament, puis dans une clinique de santé sexuelle. Je rechignais à entacher ma nouvelle vie en avouant que j'avais eu la syphilis, mais j'ai tout de même expliqué à l'infirmière qu'on m'avait soignée en Grèce pour cette maladie.

Elle a répondu qu'il serait préférable que j'effectue des analyses pour m'assurer que tout allait bien. Je savais que je n'avais pas pris les comprimés avec la plus grande régularité, mais j'ai tout de même eu un choc quand elle m'a annoncé que j'étais toujours malade.

— On peut vous en débarrasser sur-le-champ avec une injection de pénicilline, a-t-elle proposé, d'un ton neutre et dénué de jugement, dont je lui étais particulièrement reconnaissante. C'est un peu douloureux – on vous la fait dans la fesse –, mais l'avantage, c'est qu'une seule injection suffit.

Je déteste les piqûres, et, maintenant qu'on ne me battait plus chaque jour, je détestais l'idée d'avoir mal. Ma détresse devait se lire sur mon visage, car l'infirmière m'a dit en me touchant le bras :

— Il faut que vous vous en débarrassiez une bonne fois pour toutes, Megan. J'imagine que vous êtes allée voir sur Internet : vous connaissez donc les effets possibles à long terme de cette maladie si on ne s'en occupe pas.

Je ne m'étais pas du tout renseignée, en fait. À l'époque, la perspective de devoir prendre la moindre mesure me paraissait la mer à boire.

Quant à la syphilis, je crois que j'espérais qu'elle puisse simplement disparaître si je n'y pensais plus. Mais je me rendais compte que c'était stupide. Alors, j'ai serré les dents et accepté la piqûre.

L'infirmière n'avait pas menti : c'était bel et bien douloureux. Mais, après coup, elle m'a confié que j'étais la première personne qu'elle voyait qui n'ait pas bronché. Évidemment, elle ignorait que j'avais subi un nombre incalculable d'expériences bien plus douloureuses et appris à détacher mon esprit de mon corps lorsqu'on me faisait subir d'horribles sévices.

Encore aujourd'hui, la peur et les bruits soudains suffisent à me faire sursauter. Un exemple : j'étais revenue en Angleterre depuis quelques mois quand un jour, dans le centre-ville, je me tenais au bord d'un passage pour piétons, attendant de traverser la rue. Deux hommes sont arrivés derrière moi. Ils parlaient fort en plaisantant, et, quand l'un d'eux a levé le bras, j'ai sursauté et fait un bond de côté. Le type a éclaté de rire :

— Houlà, ma jolie ! Qu'est-ce qui t'arrive ? Pas besoin de te cacher dans un trou de souris. Je ne vais pas te mordre ni te tuer ou quoi que ce soit.

Ce jour-là, j'ai tourné la chose en dérision, mais je continue à avoir peur des inconnus. À une époque, je me répétais : « Tu n'as plus rien à craindre, maintenant. Tout va bien. Tu n'as plus à te faire de souci. » Mais je n'ai jamais réussi à m'en convaincre.

Une fois maman repartie en Grèce, j'ai entrepris la tâche de reconstruire ma vie et je me suis retrouvée face à une série d'obstacles. Quand on manque d'estime de soi, il est difficile de faire le genre de choses que font les gens normaux : se présenter par exemple à un entretien ou se considérer en droit d'être traitée correctement. J'ai occupé quelques emplois à bas salaire et travaillé un temps dans une boutique, mais, quand on sursaute au moindre bruit et qu'on regarde tout client masculin avec une suspicion chargée d'angoisse, on ne peut pas s'attendre à faire long feu.

À mesure que les semaines passaient et que j'arrivais mieux à contrôler mes réactions excessives face aux inconnus, j'ai pu décrocher un boulot de serveuse dans un café. La réalité était loin de ressembler à celle que j'imaginais à l'époque, mais certains habitués étaient gentils et j'ai également sympathisé avec une collègue, une fille prénommée Claire.

Je travaillais au café depuis un moment quand je lui ai raconté une partie de mon histoire ; je lui ai parlé de mes craintes que des complices des trafiquants puissent être à ma recherche en Angleterre.

Claire a dû en toucher un mot au patron, car, un soir, juste avant la fermeture, alors que le café était presque vide, un homme que je n'avais jamais vu est entré et, quand je lui ai servi son café, le patron m'a dit d'aller m'asseoir une minute à sa table pour discuter. J'étais inquiète et j'ai même cru un instant qu'il pouvait s'agir d'un piège. Mais l'homme était aimable et absolument pas menaçant. Il m'a expliqué qu'il travaillait pour une organisation de lutte contre la traite des êtres humains et m'a donné un numéro à appeler si j'avais besoin un jour de parler à quelqu'un.

Je n'ai pas appelé le numéro immédiatement. En fait, je l'avais presque oublié, jusqu'à ce que je commence à ressentir des frissons sur la nuque quand je marchais dans la rue. Je devais serrer les poings et me retenir de me retourner pour vérifier si quelqu'un me suivait. Quelques jours après avoir trouvé le courage de téléphoner, je suis partie vivre dans un foyer d'accueil protégé de Londres.

Après le chaos et l'agitation auxquels j'avais été habituée, c'était comme habiter dans un cadre familial, calme et organisé. Les gérants du foyer étaient toujours là pour m'épauler et me transmettre les codes de la vie en société que je n'avais pas eu l'occasion d'acquérir durant mon adolescence.

Je faisais toujours de terribles cauchemars remplis de coups de feu, dont je m'éveillais en sanglotant, persuadée que Christoph se tenait dans la pénombre de la chambre. Mais, désormais, quand je me réveillais en sueur et effrayée, je pouvais descendre au rez-de-chaussée, et il y avait toujours quelqu'un avec qui parler pour me rassurer et me rappeler que tout allait bien et que j'étais en sécurité.

Il y avait trois autres filles avec moi dans ce centre, à l'époque. Toutes avaient été victimes de traite, et l'une d'elles avait un bébé. On pourrait penser que nous discutions de nos expériences respectives, mais en fait on ne parlait pas beaucoup. C'était inutile, je crois. Il y avait comme un lien tacite entre nous, une solidarité, qui explique probablement qu'aucune des filles n'ait rapporté aux gérants du centre que je m'étais remise à boire. J'enfreignais là une des règles du foyer les plus strictes et, cette fois, je ne pouvais m'en prendre qu'à moi-même.

Je me persuadais que la boisson constituait une sorte d'aide pour franchir un cap. Mais j'avais vu les dégâts que l'alcool pouvait causer et j'aurais dû savoir mieux que quiconque que cela ne vous aide en rien ; c'est tout le contraire, en fait.

J'ai réussi à le cacher pendant un certain temps, jusqu'à ce que, un soir, je descende au rez-de-chaussée après m'être un peu trop soûlée. Les gérants du foyer ont compris immédiatement.

Quand ils ont fouillé ma chambre et qu'ils ont trouvé la bouteille, ils ont appelé une ambulance qui m'a conduite à l'hôpital, où j'ai été de nouveau internée. Il y avait à peu près six mois que je me trouvais au foyer et, sur le moment, j'avais trouvé leur réaction quelque peu disproportionnée.

Mais je pense aujourd'hui qu'ils avaient peur, pas seulement pour moi, mais aussi pour les autres filles fragiles du foyer, et surtout pour le bébé. Peut-être espéraient-ils aussi me rappeler de cette façon que faire de mauvais choix engendrait des conséquences. Ça a certainement été un choc pour moi de me retrouver à nouveau dans un hôpital psychiatrique.

Quand on m'a laissée sortir quelques jours plus tard, le foyer a refusé de me reprendre : j'avais enfreint les règles et il n'y avait pas de seconde chance. J'étais effondrée. Alors que j'obtenais enfin le soutien moral et pratique qui m'avait si longtemps fait cruellement défaut, j'avais tout fichu en l'air. Une petite voix dans ma tête ne cessait de me répéter : « Idiote ! Espèce de triple idiote ! » Et ce qui m'attristait plus encore était l'idée d'avoir déçu les gens qui m'avaient fait confiance et s'étaient mis en quatre pour m'aider.

Me soûler n'avait pas été la seule chose stupide que j'avais faite. Nous n'étions pas autorisées à utiliser Internet sans la présence d'un gérant, mais j'avais également enfreint cette règle et « rencontré » un mec nommé Paul sur un *chat*. (En termes de maturité émotionnelle – et à bien d'autres égards –, je restais une ado de quatorze ans naïve qui n'avait pas réussi à se défaire des répercussions d'une enfance parfois difficile.)

Quand on m'a renvoyée du foyer et que Paul m'a proposé de m'héberger, l'idée m'a paru bonne. Lors de notre première rencontre dans la vie réelle, alors que nous discutions depuis deux mois sur Internet, Paul m'avait semblé encore plus sympa que je l'avais imaginé, à mon grand soulagement. J'étais vraiment contente d'avoir enfin une relation dite normale.

Une fois installée dans l'appartement qu'il louait dans le nord de Londres, j'ai commencé à me dire que j'étais tombée sur l'homme parfait. Selon mon souvenir, j'étais véritablement heureuse pour la première fois.

Bientôt, cependant, il a commencé à devenir jaloux et à entrer dans des colères noires pour des bêtises. Un jour, il m'a balancé quelque chose au visage ; un peu plus tard, il m'a frappée et, rapidement, il s'est mis à contrôler chacun de mes gestes.

J'étais traumatisée. J'ai toujours détesté les conflits, quels qu'ils soient, et je pensais encore une fois que le problème venait de moi, que j'avais à nouveau tout fichu en l'air. Peut-être le fait que je me retrouve impliquée dans une relation abusive était-il inévitable. Tout comme j'étais convaincue d'être responsable de la façon dont on m'avait traitée en Grèce, je croyais là encore que Paul était devenu violent par ma faute.

Maman étant rentrée en Grèce, j'avais l'impression que, si je perdais Paul, je perdais tout ce que j'avais et je me suis mise à boire.

Mais quand il m'a mis l'œil au beurre noir et quasiment cassé le nez, « perdre tout ce que j'avais » ne m'a plus semblé si dramatique, et je l'ai quitté. Le problème était que je n'avais nulle part ailleurs où aller.

J'étais coincée. Je ne pouvais pas retourner auprès de Paul (et je ne l'aurais pas fait, même si j'avais pu) et je ne voyais aucun moyen d'aller de l'avant. C'est un sentiment atroce que de se savoir seule et sans la force mentale nécessaire pour décider de ses options.

Heureusement, grâce à l'aide et au soutien de mes grands-parents, j'ai pu emménager dans un petit appartement en location. Puis j'ai trouvé un job à mi-temps et je me suis inscrite à la fac pour tenter de rattraper mon retard dans mes études.

J'ai encore beaucoup de mal à persévérer dans mes choix ; parfois, la tâche me semble trop difficile, et les efforts exigés, trop grands.

Mais, dans ces cas-là, je me force à me rappeler que je bénéficie à présent d'un avenir, chose à laquelle, pendant longtemps, j'avais cessé de croire.

Je suis déterminée à ne pas me voir comme une victime. Il fut un temps où je ressentais de la frustration et où je m'apitoyais sur moi-même : je désespérais de guérir un jour de ce que j'avais vécu en Grèce, jusqu'à ce que je réalise que je ne guérirais jamais. Ça ne signifie pas pour autant que je vis en permanence avec les événements de ces années dans la tête.

Ne pouvant changer ces événements, je dois m'efforcer de les maintenir dans le passé et apprendre à vivre avec. Autrefois, je pensais que tout était ma faute, mais aujourd'hui, je sais qu'à quatorze ans, je n'étais pas vraiment responsable de mes actes ni suffisamment forte émotionnellement pour avoir un contrôle dessus.

Certaines personnes considéreront que tout ce qui m'est arrivé est entièrement ma faute, et peut-être plus encore du fait que je n'ai pas essayé de m'échapper quand j'en ai eu l'occasion. Quelqu'un m'a expliqué dernièrement que les otages et les victimes de kidnapping développaient parfois quelque chose qu'on nomme « syndrome de Stockholm », qui les amène à se prendre de sympathie pour leurs ravisseurs et même à tisser des liens forts avec eux.

Je pense que c'est une façon pour les otages de se protéger du traumatisme que constituent la menace et les mauvais traitements ; ils se mettent à considérer *l'absence de coups* comme de la gentillesse. Peut-être est-ce ce qui m'est arrivé. Mais, aujourd'hui, les raisons n'ont plus vraiment d'importance.

Je n'en veux pas à ma mère : je sais qu'elle regrettera toujours de m'avoir laissée avec Jak. Maman et Nikos sont toujours ensemble. Ils ont déménagé de la ville où ils s'étaient rencontrés (et où j'avais connu Jak), mais ils sont toujours en Grèce. Comme jamais je ne remettrai les pieds dans ce pays, ma mère me manque énormément. Nous nous parlons aussi souvent que possible au téléphone, et elle vient en Angleterre dès qu'elle le peut. J'ai mes grands-parents, qui ne reculeraient devant rien pour m'aider.

Mais les vieilles habitudes ont la vie dure, et j'ai toujours tendance à faire comme si tout allait bien, même quand ce n'est pas le cas.

J'ai la chance d'avoir bénéficié du soutien de véritables amis, et en particulier de ma sœur. Je ne l'avais pas vue ni contactée depuis six ans ; alors, je suis vraiment heureuse que nous soyons en si bons termes aujourd'hui. Elle a réussi sa vie, et je suis extrêmement fière d'elle. Je n'ai pas beaucoup parlé d'elle dans mon récit parce que je préfère la laisser en dehors de tout cela. Tout bien considéré, le fait de ne pas être venue en Grèce avec ma mère et moi a sans doute été la meilleure chose qui ait pu lui arriver.

C'est drôle : quand j'étais en Grèce, je m'inquiétais pour mon avenir, et maintenant que je suis de retour en Angleterre, c'est le passé qui est à la racine de tous mes problèmes. Tout ce que je peux faire, c'est me concentrer pour tirer le meilleur parti de ce que l'avenir me réserve. C'est loin d'être simple.

J'ai souvent l'impression de lutter pour garder la tête hors de l'eau et de nager en rond dans une mer de désespoir. Parfois, la colère omniprésente en moi comme une pieuvre explose, et je pique une crise de rage. Je n'ai jamais frappé personne, cependant, excepté moi-même.

À une époque, je me soûlais chaque fois que la pression devenait trop forte, mais la peur revenait alors, et je commençais à pleurer. La plupart du temps, je fais comme tout le monde : je prends sur moi du mieux que je peux.

Je ne savais même pas que la traite des êtres humains existait, quand je suis partie en Grèce à l'âge de quatorze ans. En fait, je n'étais qu'une parmi ce qu'on estime être *deux millions et demi* d'hommes, femmes et enfants actuellement victimes de la traite humaine dans le monde. Certains sont incarcérés physiquement, tandis que d'autres sont (comme je l'étais) prisonniers de la peur, des menaces et de la violence. L'achat et la vente d'êtres humains, c'est un business juteux qui génère des profits immenses mondialement et arrive en second derrière le commerce de la drogue.

J'aimerais vous dire que, depuis mon retour en Angleterre, je suis allée de l'avant et que tout marche désormais comme sur des roulettes. Mais c'est faux. La vérité, c'est que les choses vont *relativement* bien, et je sais qu'elles iront en s'améliorant. Il y aura toujours des moments où ma vie sera au point mort et où même faire du surplace me demandera une somme d'efforts que je ne serai pas en mesure de faire. C'est comme ça. Je n'y peux rien et je dois apprendre à faire avec.

Mais je ne vais pas laisser cette pensée m'abattre. Pendant près de six ans, depuis mes quatorze ans, j'ai vécu une vie d'isolement, d'avilissement et de brutalité constants. Si j'ai pu survivre à cela – et je l'ai fait –, je sais que je peux survivre à n'importe quoi.

Ce qui m'est arrivé en Grèce m'affectera jusqu'à la fin de ma vie, à la fois mentalement, mais aussi physiquement, à travers les blessures reçues lors des nombreuses corrections. Je continue de me battre contre mon manque d'estime de moi, et je fais souvent des cauchemars qui sont si vrais et si terrifiants que j'ai peur de me rendormir. Mais je sais à présent que je fais partie des chanceuses, car j'ai réussi à m'échapper. Je dispose bel et bien d'un avenir, alors que beaucoup de personnes, parmi les millions victimes de la traite humaine, continueront à être achetées et vendues jusqu'à leur mort.

Remerciements

J'aimerais exprimer ma gratitude aux nombreuses personnes qui m'ont soutenue dans mon processus de guérison.
D'abord, un remerciement tout particulier à John et Anthony qui m'ont donné la force de continuer à vivre et qui m'ont montré que tous les hommes ne se ressemblent pas.
Merci aussi aux filles que j'ai rencontrées pendant ma convalescence pour leurs encouragements à continuer à me battre, à mes grands-parents pour leur gentillesse et leur amour, et à toutes les autres extraordinaires personnes qui m'ont donné de l'espoir et sont devenues des amis.
Et merci maman pour ton soutien et ton amour, surtout récemment. Je t'aime tellement.

Composition et mise en pages réalisées
par IND - 39100 Brevans

*Achevé d'imprimer par N.I.I.A.G.
en janvier 2016
pour le compte de France Loisirs, Paris*

Numéro d'éditeur : 83982
Dépôt légal : février 2016
Imprimé en Italie